第2言語ユーザのことばと心
マルチコンピテンスからの提言

第2言語ユーザの
ことばと心

マルチコンピテンスからの提言

村端五郎・村端佳子 著

開拓社

はしがき

　高度情報化やグローバル化がいっそう進展する現代社会においては，純粋に単一言語しか知らない人（モノリンガル（monolingual））を探し出すのは難しく，程度の差こそあれ何らかの形で複数の言語を日常的に使用する人（マルチリンガル（multilingual））がより一般的になりつつあると言えるだろう。極言すれば，単一言語しか知らない人というのは，むしろ多言語を知る機会を奪われた極めてまれで特殊な状態におかれた人とも言えるかもしれない。

　これまで，ことにチョムスキー派の言語学においては，「全く均質の言語社会に暮らし，そこで使用されている言語を完璧に身につけた理想的な話者―聴者（an ideal speaker-listener, in a completely homogeneous speech-community, who knows its language perfectly）」(Chomsky (1965: 3-5))を想定して人の言語能力（文法能力）を記述，説明しようとしてきた。チョムスキーはモノリンガルという術語は使っていないものの，"its language"と単数形で表現しているので，モノリンガルを想定していることは明らかである。しかしながら，上述したように複数言語を知ることが現代社会の趨勢であるとすれば，人の言語能力の捉え方を根本から見直す必要がでてくるのである。

　マルチコンピテンスという用語は，英国・ニューキャッスル大学の応用言語学者であるヴィヴィアン・クック（Vivian Cook）が1990年代初頭に提唱した言語能力モデルであるが，それまでは学習者言語（learners' language）を記述するために「中間言語

(interlanguage)」という概念が使われてきた。しかし，クックは，この概念では母語を習得後に母語の知識・能力を含めた複数の言語を有する人の言語能力を十分に記述し得ないとして，新しい言語能力モデルを導入すべきだと考えたのである。

　本書は，このような状況から生まれた「マルチコンピテンス（複合的言語能力（multi-competence））」という新しい言語能力観を紹介し，複合的言語能力をもつ人の「ことば」と「心」の特徴を論じ，さらに日本における外国語（英語）学習・教育のあり方を考察していくことをねらいとしている。第2言語ユーザ（second language user）[1]のことばには，どのような特徴がみられるのか。マルチコンピテンスを有する人の認知（心）には，単一言語しか知らないモノリンガルの認知（心）とどのような違いが見られるのか。また，マルチコンピテンス的な視野に立てば，第2言語ユーザである私たちは，自身をどのように認識すればよいのか。この言語能力モデルは，日本の英語教育にどのような教育的示唆を与えるのか。本書では，このような疑問に対する答えを探っていく。

　この言語能力に対する新しいアプローチは，第2言語習得研究（second language acquisition research）をはじめ，バイリンガル教育（bilingual education）や応用言語学（applied linguistics），英語教育学（English education）など，さまざまな分野の研究者や学生に大きな影響を与えてきている。また，教育現場に

---

[1]「第2言語ユーザ」というのは，母語を習得後に他の言語を学習し，話しことばに限らず，書きことばも含めて使用する人（読み手と書き手）を指す用語として使用する。第2言語話者あるいは第2言語使用者と同義的に使用するが，「第2言語学習者」とは明確に区別する。詳しくは，第1章を参照されたい。

おいても教師をはじめ，第2言語ユーザ自身にも多大な影響を与えている。このモデルを裏付ける実証的な研究もヨーロッパや北米を中心に，近年数多くみられるようになり，モデル自体も発展，拡張し続けている。

マルチコンピテンスには，その基幹をなす三つのユニークな考え方がある。まず第一に，第2言語ユーザの言語知識・能力を記述しようとする際，ネイティブ・スピーカー（母語話者）の言語知識・能力を基準にして両者を比較し，「正しい」とか「逸脱している」と考えるのは無意味とする点である。そのような比較は，まるで「ジャガイモ」を「カボチャ」の一種と見て，ジャガイモ自体がどれほどおいしくても，どちらがよりおいしいカボチャか，と問うようなものである。

第二に，二つの言語（母語と第2言語）が第2言語ユーザの頭の中で相互に作用しているとすれば，母語が第2言語に影響を及ぼすだけではなく，第2言語の習得によって母語も何らかの影響を受けていると考える点である。すなわち，母語と第2言語，これら二つの言語を完全に分離して考えるのではなく，頭の中にある言語体系全体を一つの言語システムと考えるべきであるとする。

第三に，第2言語学習は，第2言語ユーザの「ことば」のみならず，第2言語ユーザの思考や判断，知覚，感情など，「心（認知）」の活動にも影響を与えるとする点である。この「言語と認知（思考）」の関係については，母語にはない第2言語の言語特性が，第2言語ユーザの色の知覚やモノのカテゴリー化に影響を与える事例など，言語が人の認知（思考）に影響を与えることを示す実証データが多数報告されている。

では，このようなマルチコンピテンスの視点から日本人英語

ユーザを見るとどうなるのだろうか。そこには，今まで見えていなかった新しい「英語を使用する日本人」が見えてくるはずである。ネイティブ・スピーカーの英語と英語を外国語として学んだ自分の英語を比較しても，音声や語彙力，文法性判断能力をはじめ，多くの言語面において彼らに叶わないのは当然である。しかしながら，ネイティブ・スピーカーのように英語を話せない，うまく使えないからといって，私たちは「劣った，不完全で，欠陥のある英語母語話者」と悲観的になる必要はないのである。また，「不完全なネイティブ・スピーカー」になるために英語を学んでいるわけではないはずである。日本語を母語として習得し，その上で第2言語，第3言語を学ぶということは素晴らしいことではないか。日本語を理解し，さらに，ネイティブ・スピーカーのようにとはいかないが，英語もある程度は理解できる。場面や目的に応じて両言語を使い分けることができる。両言語ユーザの物の見方や考え方が理解できる。複眼的な物の見方ができるのである。日本人は，もっと自信をもって第2言語としての英語を使ってもよいのではないか。本書は，このような願いを込めてマルチコンピテンスという視点から日本人英語ユーザの新たな「ポートレート」，その「ことば」と「心」を描いていくものである。

　これまで，英語を第2言語として学習する人を「英語学習者」と呼んできたが，「学習者 (learner)」という用語は，いつまでたっても「劣った，不完全で，欠陥のある第2言語話者」というニュアンスを帯びてしまうため，近年，学術論文等からこの術語が姿を消しつつある。その代替として広く使用され始めているのが，この第2言語「ユーザ (user)」という術語である。言うまでもなく，その源流はクックが提唱するマルチコンピテンス・モデルにある。第2言語ユーザに向ける，同氏の暖かい視線から生

まれたものと言えよう。

　第1章では，マルチコンピテンスの基本的な考え方を紹介する。続く，第2章，第3章では，マルチコンピテンスを裏付ける実証実験の事例を引きながら，第2言語はユーザの母語にどのような影響を与えるのか，またその心（認知）にどのような影響を与えるのか，をそれぞれの章で検討する。

　マルチコンピテンス・モデルは，言語研究や言語教育の分野に大きな影響を及ぼしつつあるが，質・量，両面からみれば，その研究はまだ萌芽期にあるといってもよい。今後わが国においても，日本人英語ユーザを対象とした，さまざまな研究が期待される。そのため，第4章では，これから取り上げたい，マルチコンピテンスに立脚した研究課題やその研究方法を紹介する。そして，最後の第5章では，マルチコンピテンスが日本の英語教育に与える示唆を考える。

　本書は主として現職の英語教師，これから英語教師を目指す学部学生・大学院生のために書かれるものではあるが，できるだけ多くの方々に読んでいただきたいため，なるべく平易な表現を用いるよう努めた。外国語（第2言語）の学習に興味をもつ一般の方々にも読んでいただき，日本の英語教育の行方，日本人と英語との関わり，日本人が英語を学習し，実践場面で英語を使用するということについて，あらためて考える機会になれば幸いである。

2016年3月

村端五郎・村端佳子

目　　次

はしがき　*v*

第 1 章　マルチコンピテンス（複合的言語能力）とは？……… *1*

   1.1.　マルチコンピテンスの背景　*2*
   1.2.　マルチコンピテンスの定義　*7*
   1.3.　第 2 言語ユーザの母語　*13*
   1.4.　第 2 言語ユーザのユニークさ　*17*
   1.5.　第 2 言語ユーザの人権　*20*
   1.6.　第 2 言語の「学習者」と「ユーザ」　*24*
   1.7.　第 2 言語ユーザの言語知識　*27*
   1.8.　第 2 言語ユーザの心　*30*

第 2 章　第 2 言語ユーザの「ことば」……………………………… *39*

   2.1.　双方向の転移と交差言語的影響　*40*
   2.2.　音韻レベル　*43*
   2.3.　語彙レベル　*48*
   2.4.　統語レベル　*56*
   2.5.　語用レベル　*64*
   2.6.　談話レベル（ライティング・スキル）　*75*

第 3 章　第 2 言語ユーザの「心」……………………………… *81*

   3.1.　サピア・ウォーフの仮説　*82*
   3.2.　少数民族のことばと認知　*86*

3.3. 色に関する語彙と色の認識　*87*
3.4. 文法構造（仮定節）と思考　*90*
3.5. マルチコンピテンスを検証する実証実験　*92*
 3.5.1. 色の認識に関する実験　*93*
 3.5.2. モノの分類（1）：カテゴリー関係とテーマ関係　*103*
 3.5.3. モノの分類（2）：名詞の単数・複数に関連する認識
  115
 3.5.4. モノ（名詞）の文法上の性に関する認識　*122*
 3.5.5. 動き（動詞）に関する認識　*131*

第4章　マルチコンピテンスの研究課題と研究方法 ……… *141*

4.1. 第2言語習得研究のパラダイムシフト　*142*
4.2. 研究課題1：マルチコンピテンスの複数言語はどのように影響しあっているのか？　*143*
 4.2.1. ミクロレベルでの言語間の交差影響　*143*
 4.2.2. 影響が現れる閾レベルはあるのか？　*147*
 4.2.3. 第2言語の影響を受けた母語は第2言語ユーザが属する社会にどう評価されるのか？　*149*
4.3. 研究課題2：第2言語ユーザの思考は異なるのか？　*150*
 4.3.1. 「ことば」と「心」の関係　*150*
 4.3.2. 第2言語ユーザの脳の構造は異なるのか？　*151*
4.4. 研究課題3：マルチコンピテンスは第2言語の教授と学習に影響を与えるのか？　*153*
 4.4.1. 「学習者」観の転換　*153*
 4.4.2. 教師は母語話者が一番望ましいのか？　*154*
 4.4.3. マルチコンピテンスは何を基準に測定・評価すればよいのか？　*157*
4.5. マルチコンピテンスの研究方法　*160*
 4.5.1. 三つの前提と研究の視点　*160*
 4.5.2. マルチコンピテンスの研究デザイン　*162*
4.6. 今後の課題　*165*

第 5 章　マルチコンピテンスの英語教育への示唆 ………… *169*
　5.1.　日本人英語ユーザが目指すべきロールモデル　*170*
　5.2.　英語授業での母語（日本語）の使用　*172*
　5.3.　英語授業における訳読活動　*180*
　5.4.　英語教育の外的目標と内的目標　*183*
　5.5.　マルチコンピテンスユーザとしての自信と積極的な姿勢
　　　　　　　　　　　　　　　　　　　　　　　　　185

あとがき …………………………………………………………… *191*

参考文献 …………………………………………………………… *197*

索　　引 …………………………………………………………… *213*

第 1 章

マルチコンピテンス（複合的言語能力）とは？

本章では，マルチコンピテンス（複合的言語能力）の基本的な考え方を述べる。まず，この概念がなぜ，どのように生まれたのか，その成立の背景を概観する。そして，マルチコンピテンス研究が進展していくなかで，その概念がどのように展開していったのか，1991 年から現在に至るまでの定義の変遷を辿っていく。さらに，マルチコンピテンスが提唱する，第 2 言語ユーザの言語，ユニークさ，人権，そして第 2 言語ユーザと第 2 言語学習者の違い，などの視点から「マルチコンピテンスとは何か」を考察していく。

1.1. マルチコンピテンスの背景

　「マルチコンピテンス」という術語が初めて学術雑誌に登場したのは 1991 年のことである。ヴィヴィアン・クック（Vivian Cook）は *Second Language Research* 誌に「The Poverty-of-the-stimulus Argument and Multi-competence（刺激欠乏論争とマルチコンピテンス）」と題した論文を発表した。彼はその論文の中で，現在の複数言語使用の状況を見れば，人間の言語能力を改めて考える必要があると述べている。つまり，私たち人間は本来二つ以上の言語を操る能力を持っており，実際，現在の世界状況を見る限り，たった一つの言語しか知らないという人のほうが珍しい。一つの言語しか知らないのは，むしろ多言語を知る機会を奪われた状態なのではないか。クックはそう考えたのである。そうであれば，チョムスキーのように，一つの言語しか知らない理想的な言語使用者を想定して，人間の言語習得や言語能力を研究するの

第 1 章　マルチコンピテンス（複合的言語能力）とは？

は誤りなのではないのか。

　現在，世界には 6,000 から 7,000 の言語があると言われている (Crystal (2000))。世界の国の数が 195 カ国（日本外務省，平成 26 年 1 月 8 日現在）であるならば，単純に 6,000 の言語数を 195 の国数で割っても一カ国で平均 30 ほどの言語が話されていることになる。ほとんど日本語だけで生活できる日本に住む私たちにとっては，このような状況は想像もつかないことである。

　西アフリカの状況を見ると，ナイジェリアでは 97,000,000 人が全部で 420 言語を使用しており，カメルーンでは 9,600,000 人が 253 言語を使用しているというのである (Omoniyi (2009))。インドの国全体ではヒンディー語 (Hindi) と英語が公用語であるが，州の公用語としては 18 言語が認められており，このほかに 350 言語が話されているという (Dheram (2005))。パキスタンも言語事情は複雑で，国語をウルドゥー語 (Urdu) と定めた上，英語を公用語とし (MOFA (2014))，そのほかに 64 言語が話されている (Cook (2002))。これほど極端な例ではなくても，EU（欧州連合）の公用語は 24 言語で (European Commission (2001))，カナダの公用語は，英語とフランス語であるし，淡路島ほどの小さな国シンガポールでは，英語，標準中国語，マレー語 (Malay)，タミール語 (Tamil) の 4 言語を公用語としている。

　このような言語使用の状況は，国・地域レベルの状況であり，個人の多言語事情を反映したものではないとみることもできる。しかし，EU 加盟国の国民の 56% が母語のほかに少なくとも一つの外国語で会話することができ，二つの外国語で会話ができる人は 28% にも及ぶ (European Commission (2001))。ロンドンでは 300 以上の言語が話され，32% のロンドンの子どもたちは，学校では英語を使用するが，帰宅後は英語以外の言語で家族と会

話をするという (Baker and Eversley (2000))。

　統計的な数字に頼らなくても，シンガポールで観光客相手に商店を開いている人は，中国語と英語を使い分けていることは想像に難くない。また，タイのバンコクでタクシーの運転手をしていれば，タイ語だけではなく英語を話さなければ良い収入は得られないだろう。プロテニスの錦織圭選手（島根県松江市出身）は主に海外で活躍し，インタビューでは流暢な英語で応じている。著者の友人の中にも，香港在住の日本人で，ビジネスでは中国語と英語を使い，日本人同士ではもちろん日本語で話し，時折ドイツからの客があるとドイツ語で対応するマルチリンガル（複合言語話者）がいる。

　4, 5言語という多言語を知っていなくても，たいていの日本人は学校で英語を勉強するので，多少なりとも英語を知っているはずである。小学校では英語活動が必修化されるなど，英語学習開始の低年齢化も進んでいる（村端 (2005)）。また，米国非営利教育団体である Educational Testing Service (ETS) が提供する英語能力テストである TOEIC® や TOEFL® の日本人受験者数は，ここ何年か過去最高を記録し着実に増えてきている。

　このような国内外の状況を見ると，地球上に住む個々の人間は好むと好まざるとにかかわらず，いかに複数言語を使用する環境に置かれているかがわかる。したがって，一つの言語しか知らない人は世界的な視野から見ると，まれな状況なのである。であるとすれば，私たち人間は，元来，複数の言語を習得し，状況に応じて適切な言語を使用することができる能力を備えている，とするクックの主張はうなずけるのである。

　マルチコンピテンスの背景となる，もう一つの重要な言語的視点は，頭の中にある複数言語全体を一つのシステムと捉えること

第1章 マルチコンピテンス（複合的言語能力）とは？

である。習得の時期や知識量，スキルの程度などに違いはあるにせよ，母語や第2言語，第3言語など，習得した複数の言語が一つの脳の中に存在するかぎり，それぞれが独立し個別に機能しているわけではない。バイリンガル（2言語話者）[1]の場合，たとえ優勢な言語（母語）で話をしているときでも，決してもう一つの言語は完全にスイッチ・オフの状態ではないのである。このことは，これまで多くの実証的研究で明らかにされている。たとえば，日本語と英語のバイリンガルの場合，日本語（母語）を話しているときでも英語（第2言語）の部分は常に活性状態にあり，逆に英語を話しているときでも日本語は常に活性状態にあるという（Grosjean (2001)）。その好例が以下のような日常生活でも見られるコード・ミキシング（code-mixing）あるいはコード・スイッチング（code-switching）という現象である。

> Reading sureba suruhodo, confuse suro [sic] yo. Demo, computer lab ni itte, article o print out shinakya.
>
> （Cook (2002: 5)，下線原著者）
>
> （リーディングすればするほど，コンフューズするよね。でも，コンピュータ・ラブに行ってアーティクルをプリント・アウトしなくちゃ。）

このように，英語まじりの日本語を話すのも日本語と英語が話者

---

[1] 以後，本書では，何か特別な説明がない限りは「バイリンガル」というのは，二つの言語を（母語並みに）同時に習得した人を指すのではなく，母語の習得後に第2言語を学習（した）する人を指す。この場合，第2言語の能力の程度は特に問わない。そして，日本語を母語とし，英語を第2言語とするバイリンガルは「日本語・英語のバイリンガル」というように，その習得順に表記していくことにする。

の頭の中で全く別のシステムとして機能しているのではないからである。また，卑近な例をあげれば，筆者の1人はキーボードを使って日本語（英字入力）の文字を入力している際に，よくカタカナ語を打ち間違える。たとえば「サポート」と打つべき時に「スポート」（正しくは'sapo-to'と打つべきところを，英語スペリングの'support'の'su'が顔を出し，'supo-to'と打ち間違う例）になったり，「プラン」と打つべき時に「pラン」（正しくは'pulan'と打つべきところ，英語スペリングの子音連続'pl'に引っ張られて，'p'の次の'u'を抜かしてしまう例）になってしまうという具合である。日本語を使っていても，英語のスペリングが共存しているため英語が完全にオフの状態になっていない証であろう。

　このように，マルチコンピテンスの考え方では，複数言語を完全に分離した別々の言語として捉えるべきではなく，脳内で相互に作用しながら，統合された一つの体系を形成する存在であるとする。その「母語（L1）+ 第2言語（L2）」という言語体系,[2] つまりマルチコンピテンスは，母語あるいは第2言語しか知らないモノリンガルのそれとは質的に異なるはずである。図1.1は，このようなマルチコンピテンスの基本的な考え方を図で表したものである。中央の破線円が複数言語話者のマルチコンピテンスを表している。

---

[2] マルチコンピテンスを構成する第2言語（L2）というのは，厳密な意味では第2言語母語話者の言語体系（L2）とは量的にも質的にも異なり，従前からの術語で言えば「中間言語（IL）」と呼ばれてきた言語体系を指している。本書では，「第2言語ユーザの第2言語」という表現も使う場合があるが，それは中間言語（IL）のことを指しているものと理解していただきたい。

第1章 マルチコンピテンス(複合的言語能力)とは?

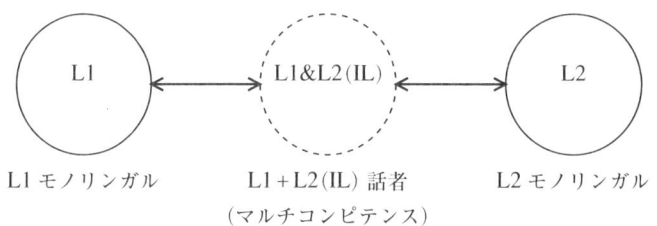

L1 モノリンガル　　　L1 + L2 (IL) 話者　　　L2 モノリンガル
　　　　　　　　　　（マルチコンピテンス）

図 1.1　マルチコンピテンスの基本的概念図（L1: 第1言語，L2: 第2言語，IL: 中間言語）

次に，マルチコンピテンスという術語の定義の発展過程を検討しながら，マルチコンピテンスの概念について，もう少し詳しく見ていく。

1.2. マルチコンピテンスの定義

前節で見たように，マルチコンピテンスは人の言語能力をどのように規定するかという，極めて学術的な疑問から出発したものである。現代の国際社会における2言語使用者，あるいは多言語使用者の状況を鑑みて，人間は複数の言語を習得する能力を持っており，複数の言語を習得し使用するのが，むしろ標準的な人間のあり方ではないか。そういう言語研究という角度から生じた考え方であった。その後，マルチコンピテンスは，バイリンガル研究や第2言語習得研究など多くの分野で研究者の注目を集め，研究が進むにつれてその考え方そのものも徐々に発展してきた。

1991年に発表された当初，マルチコンピテンスは，「二つの文法を備えた複合的な心の状態 (the compound state of a mind with two grammars)」(Cook (1991: 112)) と定義された。その後，

1996 年には「一個人の心の中に存在する二つ以上の言語の知識 (the knowledge of more than one language in the same mind) (Cook (1996: 65))」という表現に変えられた。これは，「文法 (grammars)」と言った場合，「統語 (syntax)」だけを想起させてしまうために「言語の知識 (the knowledge of language)」という表現に変更されたものである。マルチコンピテンスの射程は，統語的な知識のみならず，語彙や音韻など，あらゆるレベルの言語範疇にあるためである。

また，「二つの文法 (two grammars)」のように「二つ (two)」ではなく「二つ以上 (more than one)」に変更したのは，マルチコンピテンスは，文字通り 2 言語の場合にかぎらず，3 言語，あるいはもっと多くの言語を習得しているケースも想定しているからである。さらに，「複合状態 (the compound state)」ではなく「知識 (the knowledge)」とすることで，マルチコンピテンスというのは，ほとんど変化せず常に静的な状態にある言語能力ではなく，言語が使用される状況で絶えず変化する可変性のあるシステムであることを示唆している (Cook (2002))。

その後，2003 年の定義に「地域社会 (community)」という表現が加えられ，2012 年には「一個人あるいは一地域社会に存在する二つ以上の言語の知識 (the knowledge of more than one language in the same mind or the same community) (Cook (2012))」という定義に発展した。個人だけではなく，ある地域あるいは国で複数の言語が使われている状況もマルチコンピテンスに取り込み，その概念を広げたのである。

さらに，近年では「知識 (the knowledge)」は「全体的な体系 (the overall system)」という表現に変えられ，現在では，マルチコンピテンスは「2 言語以上を使用する心あるいは地域社会の

全体的な体系（the overall system of a mind or a community that uses more than one language）」（Cook (2015: 2)）と定義されている。言語の使用には，人間のさまざまな心の活動，つまり知覚，注意，分類，推測，記憶などの認知活動が深く関わるという背景がそこにある。そのような心の活動，認知活動は決して言語と切り離して作用するのではなく，何らかの形で言語の影響を受けているからである。言語は人の「認知（思考）」を形作る，というと「サピア・ウォーフの仮説（言語的相対仮説）」を思い浮かべる人もいるかも知れない。そういう意味では，マルチコンピテンスは第2言語習得研究における「サピア・ウォーフの仮説」という側面も含んでいると言える。実際，多くの研究者が第2言語ユーザの言語と認知（思考）との関係に関心を寄せ，興味深い研究結果を数多く報告している（詳しくは第3章を参照）。

このように，マルチコンピテンスの定義は改変され発展してきたが，ここで再度時間軸にそって，その発展プロセスを整理しておきたい。

The compound state of a mind with two grammars (1991)
（二つの文法を備えた複合的な心の状態）

↓

The knowledge of more than one language in the same mind (1996)
（一個人の心の中に存在する二つ以上の言語の知識）

↓

The knowledge of more than one language in the same mind or the same community (2012)
（一個人あるいは一地域社会に存在する二つ以上の言語の知識）

↓

The overall system of a mind or a community that uses more than one language (2015)

（2言語以上を使用する心あるいは地域社会の全体的な体系）

　さて，この最後の「全体的な体系 (the overall system)」というのがマルチコンピテンスを論じていく上でもっとも重要な概念である。再度，図1.1の中央にある，破線で囲まれた円を思い出していただきたい。母語（第1言語）と第2言語が共存した形となっている。この図を見ると，学習者言語と呼ばれ，母語と第2言語の中間に位置する「中間言語 (interlanguage)」の図とよく似ていることがわかる。では，「中間言語 (interlanguage)」と「マルチコンピテンス (multi-competence) という概念は，いったいどのように異なるのだろうか。そこで，中間言語という用語が使われるようになった経緯を振り返りながら，「中間言語」と「マルチコンピテンス」の根本的な違いを見ていきたい。

　まず，中間言語 (interlanguage) という用語は，アメリカの応用言語学者であるセリンカー (Selinker (1972)) が造語したもので，第2言語学習者の母語と第2言語の言語特性を兼ね備えながらも，いずれの言語とも独立した学習者特有の「過渡的な言語」のことである。中間言語は，規則的 (systematic)，動的 (dynamic)，可変的 (variable)，減縮的システム (reduced system) という四つの特徴をもつとされる (Saville-Troike (2006))。学習者は，さまざまな学習方略やコミュニケーション方略を用いて，試行錯誤を繰り返しながらこのような特徴をもつ学習者言語を漸進的に発達させていくのである。

　これら四つの特徴のうち，もっとも重要なのは中間言語の「規

則性」である。つまり，中間言語は目標（第2）言語の文法に必ずしも合致したものではなく目標言語の規則からみれば逸脱した誤った形式を含むことが多いが，そのような誤りは決して無原則で，でたらめなものではない。たとえば，規則動詞の屈折語尾変化の'-ed'を過度に一般化（overgeneralization）して不規則動詞'go'の過去形を'goed'とする誤りが好例である。このように，中間言語というのは学習者の母語や目標言語と近接しながらもそれらとは独立したシステム（approximate systems）（Nemser (1971)），独自のルールに則った言語体系と見なすべきである。このような考え方が，「中間言語」という術語の根底にある。

　学習者の冒す誤りをこのように「ルールに則った言語体系である」と捉えることは，それ以前の「誤って身につけた習慣」「逸脱した形式」などと否定的にみる態度とは異なり，独自の体系をもつ一つの自然言語である，と認めたわけである。図1.2を見ていただきたい。図の中央の両側に矢印のある直線が破線になっているのは，中間言語の動的，可変的特徴を示したもので，学習過程でさまざまな要因により言語体系が修正され，変化することを意味している。

　この中間言語という用語は，その登場以来，第2言語学習者の言語を記述するものとして，L1（母語，第1言語）でもないL2（第2言語）でもない言語特性を持つ，学習者の学習途上の言語を指すものとして広く使用されてきた。しかし，第2言語話者の言語を規定しようとする場合，その頭の中には母語（100%の言語能力）と，いわゆる中間言語（たとえ第2言語母語話者には及ばなくとも，母語話者の30%とか60%の言語能力）があるのであるから，理論上は単一言語話者（100%の言語能力）のそれと比較すると，第2言語話者の言語能力は130%か160%

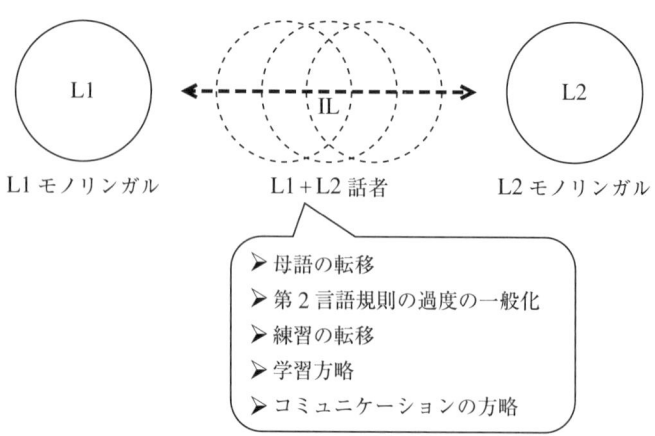

図 1.2　中間言語の概念図

の言語能力があることになる。しかも，学習者言語が独立して存在しているわけではないとすれば，中間言語と母語とを包摂した言語能力を規定する概念が必要となる。そこで考えだされたのが，このマルチコンピテンス（複合的言語能力）なのである。

このように，中間言語とマルチコンピテンスという概念は，本質的に異なる。この 20 余年で，マルチコンピテンスの定義がさまざまに変化してきたが，そのことは決して否定的に見られるべきではない。なぜなら，その概念の登場以来，このモデルに関連した研究が爆発的な広がりをみせ，多くの研究者がその基本的な考えに共鳴し，マルチコンピテンスを支持する新たな実験結果が多数報告されるようになり，その結果として，その定義をより明確なものにしていく必要が生じたからである。したがって定義の改変は，マルチコンピテンスを枠組みとした研究がより発展してきている証左でもあるのである。

1.3. 第2言語ユーザの母語

　マルチコンピテンスの基本的な考え方で最も重要なのは，脳内にある複数の言語を統合された一つの体系として見ることである，と前節で述べた。日本語を母語とする日本人が英語を外国語として学習する場合，日本語という言語知識が，すでに私たちの脳内に存在していることをついつい忘れがちになる。英語を学習する以上，英語の知識や運用能力がどれだけ身についたかを気にするためである。

　しかし，脳の中には日本語と学習者の第2言語の両方が存在する。それらの言語は独立した別々のものとして存在するのではなく，相互に関係しながら言語や認知の諸活動を担う一つの体系である。そう捉えると当然の帰結として，第2言語が母語に何らかの影響を与えているのではないか，という疑問が生じてくる。これまで，母語が第2言語に与える影響は「言語転移（language transfer）」として数多く研究されてきた。転移には，正の転移（positive transfer）と負の転移（negative transfer）の2タイプがある。たとえば，「太郎の本」は，'Taro's book'と英語で表すことができ，日本語の所有格の構造「名詞（人）＋の＋名詞（モノ）」と英語の構造「名詞（人）＋-'s＋名詞（モノ）」に類似しているので，正の転移が生じ，学習が容易になる。しかし，「どう思いますか」を英語で表現する場合，「どう」＝'How'としてしまい，'*How do you think?'（正しくは，'What do you think?'）と言ったり，「引く」＝'draw'という意味を拡張して「辞書を引く」を'*draw a dictionary'（正しくは，'check/consult a dictionary'）などとする表現は日本語と英語の違いから生じ，母語から第2言語への負の転移と考えられてきた。「日本人

が間違えやすい英語」と題した書籍が巷にあふれているように，このような例は枚挙にいとまがない。

　応用言語学の分野では，この「転移 (transfer)」という術語は，当初は，行動主義心理学の理論を背景として用いられていたため，理論的中立性や定義の曖昧性など，使用する際の無用の混乱を生むこともしばしばあった（山岡 (1997)）。また，第 2 言語習得をめぐっては，母語と第 2 言語との関係から，転移，干渉，回避行動，借用，母語・第 2 言語の忘却など，さまざまな現象が報告されるようになり，より包括的な術語が必要となった。そこで，「交差言語的影響 (cross-linguistic influence)」という術語も使われ始めた (Kellerman and Sharwood-Smith (1986))。この術語によって，第 2 言語習得においては，単なる音声，語彙，文法のレベルにおける母語から第 2 言語の転移という現象にとどまらず，前掲した諸現象など，より広範な現象を研究射程に入れたこと，また，第 2 言語が母語に影響を及ぼすこともあるという，脳内に共存する言語の作用，つまり複数言語の双方向的な相互作用の可能性を示唆した点は大きな貢献であったと言える。

　しかし，マルチコンピテンスが提唱されるまでは，第 2 言語が母語に与える影響を主課題とした研究は，それほど多くは見られなかった。その背景には，そもそも母語というのは，いったん習得の域に達すれば安定したものとなり，可変的要素はそれほどないという前提があったからである (De Bot, Lowie and Verspoor (2005))。さらにもう一つの背景となったのは，第 2 言語習得研究というのは，人は第 2 言語をどのように習得して行くのか，その習得過程でどのような誤りを冒すのか，母語習得の場合と決定的に異なる個人差はどのようにして生まれるのか，などの課題を探ることが主な研究領域であったため，第 2 言語を習得する

ことで，それが母語にどのような影響を与えるのか，などという問題意識が置き去りにされていても不思議ではない。

また，母語習得後に第2言語に接し，長期にわたってその第2言語のみを使って生活することで，結果的に母語を忘れてしまう事例（母語の喪失・減退）は，これまで数多く報告されている。極端な例は，明治時代に6歳でアメリカに留学し，11年後に帰国し後に女子英学塾（現津田塾大学）を創設した津田梅子の場合である。彼女はアメリカで教育を受け，高い英語力を身につけて帰国したが，この時点で日本語はほとんど忘れてしまっていたという（斎藤 (2006)）。そのため，両親と会話するにも通訳が必要なくらいであった。これほど極端な例ではなくても，しばらく英語ばかり使う状況にいれば，なかなか日本語の単語が思い出せないといった経験はそう珍しくはないだろう。

しかし，マルチコンピテンスでいう第2言語の母語への影響というのは，このような事例に限定したものではない。たとえば，ハンガリー人の14歳から16歳の子どもたちの例を見てみよう。第2言語としての英語，フランス語，あるいはロシア語などの外国語を学校で勉強している子どもたちの例である。週に7, 8時間の授業があってそれらの外国語に触れる機会がかなり多い子どもたちは，週に2, 3時間しか授業のない他のハンガリー人の子どもたちよりも母語のハンガリー語での作文において，より複雑な構文を使った文章を書くようになったという研究報告がある（Kecskes and Papp (2000)）。この報告は，2年にわたる観察にもとづくものであるが，第2言語の学習が母語の文章構成能力に影響を与える可能性を示唆したもので興味深い（第2章 2.6節を参照）。

また，英語能力の高い日本人は英語からの借用語（カタカナ語）

を聞いた時，英語能力がさほど高くない日本人とは異なった概念を連想するという研究結果もある。たとえば，「ボス」というカタカナ語からは，一般的な日本人には「親方」とか「サル」などの言葉が連想されるが，英語能力の高い日本人は「職場」「上司」など，仕事に関する言葉を連想する傾向が強いという実験結果がある (Tokumaru (2005))。つまり，カタカナ語が日本語として使われている時でも，その語源である英語語彙本来の意味素性が顔を出す傾向が強いということである（第2章2.3節を参照）。これらの実験の概要については，次章の「第2言語ユーザの『ことば』」で，さらに詳しく述べていく。

　このように，母語習得後に別の言語を学習すれば，脳内に共存している母語に何かしらの変化が現れてくる，というのがマルチコンピテンスの考え方である。上で挙げた文章構成能力やことばの連想に限らず，音韻，語彙，統語，読解など，多くの側面での第2言語の母語に与える影響が徐々に報告されるようになり，そのような研究成果を本格的にまとめた研究書も出版された。それが，文字通り『第2言語が母語に与える影響 *Effects of the Second Language on the First*』(Cook (2003))である。この書で紹介されている実証研究のいくつかについても，次章の「第2言語ユーザの『ことば』」で詳しく紹介していく。

　このように，母語というのは，これまで考えられていたほど不変的なシステムではなく，後で学習される言語に左右される可能性があることが徐々にわかってきた。それならば，「母語」と「もう一つの言語」を知っている人の母語は，「母語」だけの単一言語しか知らない人の母語とは質的に異なるということになる。もちろん，「もう一つの言語」を母語として話している人の言語とも異なるわけである。つまり，日本語を母語として英語を外国語

（第 2 言語）として学ぶ人たちの日本語は，日本語しか知らない人たちの日本語とは異なるということである。

1.4. 第 2 言語ユーザのユニークさ

このようにしてみると，「母語以外のことばを知っている」ということが，今までとは違った角度から見えてくる。つまり，第 2 言語を知っている人たちは，一つの言語しか知らない人とは異なるユニークな存在であるということである (Cook (1995))。確かに，「日本語と英語の二つの言語を知っている」ということは，「日本語しか知らない」ということとも「英語しか知らない」ということとも異なる。どのような言語であれ，二つの言語を知っている人は，その一方しか知らない人とは異なったことばの使い方をするのである。たとえば前節の「マルチコンピテンスの背景」でも見たが，複数言語を知る人はコード・ミキシング，あるいはコード・スイッチングをすることがある。コード・スイッチングは，両言語を共有している人同士の間でよく起こると言われるが，今使っている言語では適当な言葉を思い出せなくて他の言語に切り替えるとか，言いやすいから切り替える，というだけの単純な話ではない。言語の切り替えには，年齢，性別，人種，宗教，場面状況などの要因が作用しているということも分かってきている (Fishman (2007))。

たとえば，ブリュッセル（オランダ）の役場で働く人の，ドイツ語・オランダ語・フラマン語 (Flemish, オランダ語のベルギー方言) の 3 言語のコード・スイッチングの例を見てみよう。総じて，仕事場ではフランス語，地元のパブで飲むときはオランダ語，家に帰ると家族とはフラマン語で話す，などと使い分ける。

ところが，仕事場であっても，幼なじみとすれ違い様に言葉を交わす時にはフラマン語になるという。この同じ幼なじみとも，仕事の話をするのであればフランス語になるというのである。つまり，会話の参加者，会話の内容，会話が行われる場所，何のための会話か，などによってことばが使い分けられる。

　また，コード・スイッチングは，文中の語句単位でも文単位でもおこる。前者の場合をコード・ミキシングと，後者の場合をコード・スイッチングと呼ぶ場合が多い。いずれにせよ，複数の言語の知識や運用能力がなければ実現しないことであり，そういう意味では2言語を知っている人はユニークな存在なのである。

　ここで，ひとつ注意しなければならないのは，2カ国語使用（者）を表す「バイリンガル（bilingual）」という用語とその定義である。「バイリンガル」といえば，2カ国語を完璧に話すことができる人というイメージをもつ人が多いのではないだろうか。コード・スイッチングを例にとっても，バイリンガルは日本語と英語をペラペラと滑らかに切り替えながら話ができる人と考えられることが多い。しかしながら，第2言語を母語と同じようなレベルになるまで習得するのは，そう簡単なことではないし，現実問題として，それは不可能に近いと考えてもよい。たとえば，世界の英語ユーザの80%は初級者レベルで（Cook (1997)），母語話者のレベルに達するのは，わずか5%程度である（Selinker (1972)）とも言われている。二つの言語がバランスよく，同じように運用できるようなバイリンガルは現実的ではない（Grosjean (1989)）という研究者もいる。したがって，要求されるニーズにしたがって，複数の言語で何らかの社会的な機能を果すことができる人がいれば，その人をバイリンガルと呼んでもよい，という広義での定義も見られるのである（Grosjean (1989)）。

第1章　マルチコンピテンス（複合的言語能力）とは？

複数の言語を運用することができると，それぞれの言語のレベルの差はあっても，そのような複数言語能力が必要とされる職に就くことができる。あるいは反対に，職業上，外国語ができなければ困るという状況で，外国語を身につける人もいるだろう。英語ができる日本人のフライトアテンダントや，日本語ができる日本人以外のフライトアテンダントはよく見かける。見事な英語を駆使してインタビューしている日本人ジャーナリストやリポーターも今や珍しくはない。

複数言語話者は，通訳や翻訳家などとして，ことばを専門とするような仕事をすることもできるし，その言語を教える教師になることもできる。仕事には直接関係なくても，旅先で食べ物を注文したり，必要な買い物をしたりするのにも，その土地の言語を使うことができれば，そうでない人とは異なる異文化体験や旅行が体験できるかもしれない。

外国語の教師といえば，やはり，その当該言語の母語話者に限る，という考え方もある。母語話者並みの外国語能力を身につけることは理想的な目標だろうし，母語話者であればどのように表現するのか，どのような言い方をするのか，を心に留めるのは大切なことである (Stern (1983))。この意味では「母語話者」の存在は外国語を学ぶ者にとっては重要である。しかしながら，母語話者が常により良い教師になれるわけではなく，私たちのような非母語話者の外国語教師にも利点がないわけではない（詳しくは第 4 章 4.4.2 節を参照）。外国語教師としては，母語話者が良いのか，非母語話者が良いのか，という問題は大きな議論に発展し，多くの論文や著作も出版されている (Medgyes (1994), Braine (1999), Llurda (2006), Y. Murahata (2006) など)。そのなかでは，非母語話者の外国語教師の利点として，1) 外国語ユーザとして

の模範的な成功例，ロールモデルを示すことができる，2) 効果的な勉強の仕方を知っている，3) 目標言語についての体系的な知識がある，4) 外国語を学ぶ際，どんなところで躓くかが予測できる，5) 外国語ユーザが必要とすることや抱えている問題を理解できる，6) 外国語ユーザの母語が理解できる，という6点が上げられている (Medgyes (1994))。日本人として英語を学んできた日本人英語教師は，外国語ユーザの視点に立って教えることができる，ということを示している。そして，何より日本語がわかるのであるから，効率的に教えることが可能なはずである。これもやはり日本語と英語の両言語を知っている，第2言語ユーザのユニークな点であると言えるだろう。あたりまえのことではあるが，決して軽視されるべきではない。

1.5. 第2言語ユーザの人権

　第2言語ユーザの「人権」とはどういうことかと思われる読者もいるかもしれない。あえて「人権」という表現を使うのは「第2言語ユーザ」が不当な扱いを受けている，とでも言いたいのだろうか。そう違和感を抱かれる方もいるかもしれない。

　実は，まさにその通りなのである。第2言語ユーザは常に当該第2言語の母語話者と比較され，あたかも「成り損ないの母語話者 (failed native speakers)」「逸脱したことばをしゃべる母語話者」「劣った母語話者」のように扱われる傾向にあったのである (Cook (2002: 19, 2003: 4))。しかし，第2言語ユーザは決して「母語話者になれない失敗者」「落伍者」ではなく，前節に議論したように，母語に加えて第2の言語を知っている「ユニークな存在」なのである。ましてや「不完全な母語話者」になることを目

標に，外国語を学習するのではないのである。したがって，第2言語習得研究自体も，なぜ第2言語ユーザは母語話者のように言語を習得できないのかを問うのではなく，「倫理にかなうレンズ（an ethical lens）」(Ortega (2005: 427)) を通して，第2言語ユーザはどのような存在なのか，その言語はどのような特徴を持っているのかを問うべきなのである。

「中間言語」という考え方は，確かに第2言語ユーザの言語を一つの独立した自然言語，体系性を備えた言語と認めた点で，その功績は大きい。しかしながら，中間言語は母語話者の言語と比較されながら，常に「欠陥がある」ものとして扱われてきたのである (Kasper and Kellerman (1997))。このような第2言語の否定的な観点からの記述は，第2言語習得関連の文献に多数見出すことができる。たとえば，フランスに永年住んでいるアメリカ人はフランス語の母語話者とは異なる文法判断をするのか，という研究課題を設定した研究があったり (Coppetiers (1987))，母語話者として通るような第2言語ユーザは果たしているかを論じたり (Bongaerts, Planken and Schils (1995)) している。さらに，母語話者のような発音を習得する能力は年齢が上がると低下するのではないか，という研究があったり，母語話者と比較するとまだ中級レベルである (Harada (2007))，というような記述も実際に見られる。つまり，第2言語ユーザの言語は常にその母語話者が基準となり，いかにその基準に達していないかという視点で研究が行われてきたのである (Keck and Ortega (2011))。

クックはラボフ (Labov (1969)) の考え方を頻繁に引用する。アメリカの社会言語学者であるラボフは，英語の変種を研究する場合，その変種が使われてきた社会文化的な環境の中で研究を進めることの大切さを説いている。その意味するところは，標準英

語とは異なるからといって，言語技能が劣る，論理的な思考が欠如している，非文法的な用法である，などと結論づけるのは誤りである，ということである。そのような態度こそ研究者の無知からくるものである，とラボフは強く批判している。標準英語とは異なる英語でも，道理に適ったルールがあり，豊かな表現ができる英語の一変種であると考えるのである。彼は，グループの基準に合わないからといって，そのグループに属さない人たちが批判されるべきではないとも述べている (Labov (1969))。

またバイリンガル研究においても同様の考え方がある。つまり，一つの言語しか知らない母語話者と 2 言語話者のそれぞれの言語を比較すべきでない，とフランス人研究者のグロスジャンは主張する (Grosjean (1989))。「2 言語話者というのは，単に 2 人の単一言語話者が一人の内に共存するというのではなく (The bilingual is not two monolinguals in one person.)」(Grosjean (1989: 3))，いずれの単一言語話者の言語とも異なるユニークで独特の言語が形成されている，と考えるのである。

これまで「母語話者 (native speaker)」という語を使ってきたが，そもそも「母語話者」「ネイティブ・スピーカー」とは誰のことを指すのだろうか。1980 年代以降，その定義をめぐって社会言語学や英語教育の分野で多くの議論が交わされている。一般的に「母語話者」とは，その言語が話されている地域に生まれ，小さい頃からその言語を身につけてきた人であると見なされている (Paikeday (1985))。しかしながら，その地域に生まれ，その土地の市民権を得ているからといって，それで「母語話者」の言語能力が保証されるわけではない。英語の母語話者ではないペイクディ (Paikeday) はカナダで英語の辞書の編纂をしている人物で，むしろ英語の母語話者よりも英語を知っている存在である。その

第 1 章　マルチコンピテンス（複合的言語能力）とは？　　23

ペイクディが「ネイティブ・スピーカー」というのは「都合の良い人工物」,「独断的でしかもとらえどころのない概念で，まるで雪男」,「合法的な作り物」などと，実体がないままにことばだけが一人歩きしていると痛烈に批判している（Paikeday (1985)）。

　英語教育の場でも，英語を母語としない研究者のクラムシュ（Kramsch (1997)）は，ネイティブ・スピーカーというのは想像上の概念（imaginary construct）にすぎないと述べている。英語教育の世界で使われると，それは標準的に読み書きができ，知っている言語は一つだけという人で，中流家庭という大方虚構のコミュニティに住んでいて，そこには共通の歴史と共通の運命を共にしているような人々が住んでいるのである，と「母語話者」の地位に対して非常に懐疑的である。

　つまり，第 2 言語として学ぶ場合であっても，母語話者よりも語彙が豊富であったり，より洗練された使い方をしたりする場合も充分あり得るのである。たとえば，日本人以外の人が日本の文学賞を受賞したり，テレビでコメディアンとして活躍したり，ラジオの DJ として軽快な口調で語りかけたり，と一般的な日本人よりも自在に日本語を使っている例はたくさんある。

　さらに，方言の問題もある。イギリス北部のニューキャッスル地方では，ジョーディ（Geordie）と呼ばれるこの地方独特の方言が使われる。彼らの英語を聞いていると，日本人のしっかりした英語のほうがより「正当な」英語ではないかと思うことさえある。北海道の「あげる」「やる」の使い方は，標準的な日本語の「あげる」「やる」の使い方とは違うので，北海道出身の人が日本語を外国語として教える教師になったら，非標準的な日本語を教える可能性もあるのではないか，と心配してしまう。宮崎地方では「橋」も「箸」も同じアクセントを使うので，やはり外国語と

しての日本語の例は，これで良いのかと疑問に思うこともある。このような例をみていくと，「母語話者」と呼ばれるための資格とは何か，と問われた場合に，今までの信念がゆらぐことはないだろうか。

　母語話者と呼ばれる人たちの言語能力は，決して常に安定していて，均質で，完璧というわけではないのである。それにもかかわらず，第2言語習得ということになると，母語話者がとたんに「完璧で模範的な話者」として登場してきて，その言語は「正しい言語」と規定され，常に第2言語ユーザの言語と比較される状況が続いてきている。さらに，本書冒頭で述べたように，現在の地球上では，一つの言語だけを使って生活している人は徐々に少なくなっているとすれば，「母語話者」の言語能力にも疑問が生じてくる。第2言語は母語に何らかの影響を与えているという見方があるからである。この状況に疑問を投げかけるのもマルチコンピテンスの一つの側面である。

1.6. 第2言語の「学習者」と「ユーザ」

　バイリンガルやネイティブ・スピーカー（母語話者）についてこのように考えてみると，マルチコンピテンスの考え方の中で，第2言語ユーザがいかにユニークな存在であるかがよく理解できる。ところで，これまで使ってきた「ユーザ（使用者）」という用語にも重要なマルチコンピテンス的な視点が込められていることに言及しておく必要がある。

　マルチコンピテンスの枠組みの中では，第2言語「学習者（learner）」ではなく，第2言語「ユーザ（user）」という言葉を好んで使用する。「学習者」という言葉には「まだ発展途上にある

第1章 マルチコンピテンス（複合的言語能力）とは？   25

人」とか「未完成の状態にある人」というニュアンスが含まれてしまうからである。通常，母語話者を「学習者」とは呼ばない。たとえ母語であっても，母語に関してまだまだ多くの学ぶべきことがあるはずなのに（Crystal (2000)），母語話者に対しては学習者という言葉を使うことは稀である。ところが，北海道弁であれ，英国方言のジョーディであれ，その言語のどんな変種であるにせよ，あるいはどの程度の言語能力を身につけようとも，ある程度の年齢になると「母語話者」と呼ばれるようになり，通常そのことを疑問視することはない。

バイリンガル（2 カ国語併用者）というのは，決して二つの言語を同じようなレベルで，同じように流暢に使用することができる人だけを言うのではない，と先の節で述べた。食事を注文すること，お店で観光客に物を売ること，医者に体調を説明すること，会社の会議に出席すること，学会で発表すること，詩や小説を読むこと，通訳をすること，など，私たちはさまざまな場面や機能で言語を使用する。たとえどのようなレベルであっても，二つ以上の言語でこのような社会的な機能を果すことができれば，その人はバイリンガルと言える。このような考え方があるのである。

実際，母語話者の母語使用を見ても，それは量的，質的に千差万別である。母語話者の誰もが会社のビジネス会議に出席するわけではないし，皆が皆，学会で発表するわけではない。学術論文を書くわけでもない。したがって，何らかの目的にために多少なりとも英語を使うことができる日本人がいるとすれば，それは「英語ユーザ」と呼ぶべきなのである。

実生活の中で，何らかの目的のために，自分が持っている言語的資源を駆使している人は「学習者」ではなく「ユーザ」なので

ある。言うなれば，両者の違いは「未知言語の規則を見出すために，どうしてそういう意味になるのかを理解する (codebreaking a message in order to find out an unknown code)」のと「既知の規則で伝達情報を解読する (decoding a message when the code is already known)」との違いでもある (Cook (2002: 2-3))。「学習者」という用語を使うと，習得は未だ完了せずに学習過程のみが強調され，習得した知識を駆使していることが認められていないような印象を与える。したがって，どのような人でも一歩教室を出て学習している言語を使えば，いかなるレベルであれ，母語以外の言語を使う人は第 2 言語ユーザなのである (Cook (2002))。このことが，マルチコンピテンスの枠組みでは「第 2 言語ユーザ」を好んで使う所以である。

第 2 言語研究に興味のある研究者たちが集う学会 EUROSLA (ユーロスラ，ヨーロッパ第 2 言語学会，European Second Language Association) は，1989 年に設立された。その名称 EUROSLA の「A」は，「習得 Acquisition」ではなく「学会 Association」を指すが，そこには大きな意味がある (Cook (2002))。この団体は，第 2 言語習得のみに興味をもつ人の集まりではなく，第 2 言語に関わる習得以外の他のあらゆる面，たとえば第 2 言語忘却 (second language attrition) や第 2 言語政策 (second language policy)，第 2 言語と認知などをも問題にする人の集まりである。「第 2 言語習得学会」ではなく，「第 2 言語学会」と名付けたのは，このことを示したかったからである。

日本人は，何年英語を勉強しても，かなり英語が上手になってもなかなか自分が日本語と英語の「バイリンガル」であるとは認めない (マッカーティ (1993))。しかし，「私は英語ユーザである」と胸を張り，英語の「学習者」から脱却して自分は「英語ユーザ」

であると自覚することが何よりも大切である。どんな状況でも，どんな英語のレベルでも構わない。教室から一歩外に出て，英語を使う時，自分は英語ユーザであると自信を持つことが重要である（第5章5.5節を参照）。私たちは，英語のネイティブ・スピーカーではないのだから，彼らのように英語を話さなくてもよい。また，それを目標にしても決して到達できるものではないのである。それよりも，自分は日本語を知っている上に英語も知っていて，それぞれを場面や目的に応じて使い分けていることを意識する必要がある。そこには，今までとは違った自分の姿が見えてくるはずである。それがマルチコンピテンスの考え方である。

1.7. 第2言語ユーザの言語知識

今まで見てきたように，マルチコンピテンスの視点から第2言語ユーザを見ると，次のような特徴をあげることができる。

1) 第2言語ユーザは一つの言語しか知らない人とは異なる言語の使い方をする。
2) 第2言語ユーザの言語知識は，第2言語の母語話者の言語知識とは異なる。
3) 第2言語ユーザの母語の知識は，その言語しか知らない人の言語知識とは異なる。
4) 第2言語ユーザの認知は，一つの言葉しか知らない人の認知とは異なる。

ここで，二つの言語 LA（A言語：Language A）と LB（B言語：Language B）が，どのように関わり得るかを図1.3を見ながら考えてみよう。

```
←─────────────────────────────────────────────→
  分離            部分統合           完全統合
```

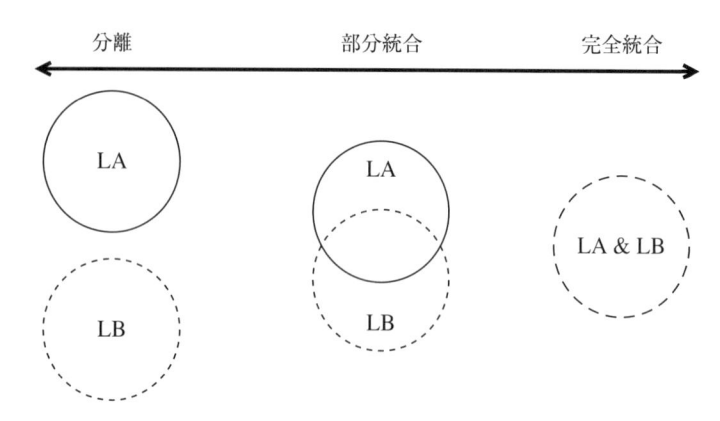

   (LA)   (LA)
                (⋯⋯⋯)   (LA & LB)
   (LB)   (LB)

図1.3　マルチコンピテンスにおける言語の分離統合の連続体（Cook (2002: 17) の Figure 1.5 にもとづく）

　二つの言語は，図の左端のように全く分離した状態にあるかもしれないし，図中央のように一部が統合した状態かもしれない。さらに，右端のように全く一つの体系に統合された状態かも知れない。図中の LA や LB の円は言語知識全部を示すわけではなく，言語のある部分，たとえば音声，統語，語彙のさらにその一部を示していると考えていただきたい。

　たとえば，音声の部分では，日本語にない英語の音声と，英語にない日本語の音声は，全く別の音として図中の左側のように分離して獲得されるかもしれない。また，語彙の概念は統合された部分にあたるかもしれない。たとえば，英語で 'airplane' と言うときと，日本語で「飛行機」というときに，別々の飛行機を思い浮かべることはほとんどいないだろう。この場合は右側の一つの円にあたる。統語面はどうか。たとえば，「私は赤いバラが好きです」（I like red roses.）と言う場合を考えてみよう。日本語の「赤いバラ」は，英語で 'red rose' のように母語の知識がほぼ

一致するが，英語の場合は複数形'roses'にする必要があるし，文全体の語順は英語のSVOと日本語のSOVでは全く異なるので語順を変えなければならない。このような場合は，全く分離しているとは言えず，一部が連結した状態かも知れない。

　しかし，このような言語知識は決して不変的なものではなく，状況によって，あるいは言語の習得が進んだ場合に変化することがある。「りんご」と'apple'の概念は果物のリンゴとしては重なる部分はあっても，それから派生する連想や文化の中での位置づけが異なる。日本語の場合の連想は「青森や長野の特産」であり，英語の場合は「アップルパイ」であれば重ならない部分も出てくるだろう。そうであれば場面状況によって，「りんご」と'apple'の概念の統合の度合いが変化することになる。また最初は日本語にない英語音，たとえば'th'の音を日本語の's'の音で代用していても，やがて別の音として認識したり，調音したりできるようになるかもしれない。そうすると図1.3の連続体でいうと，分離の度合いが大きい左側に移行することになる。

　日本語と英語の例だけを引いてきたが，日本語と中国語の場合は表記方法が似ている部分があるため，言語の分離・統合の仕方が違うことが予想できる。また，英語とドイツ語，ドイツ語とオランダ語などのように比較的近い言語の2カ国語使用であれば，統合の度合いがより強くなるかもしれない。

　このように，二つの言語の関係は，言語の音声，統語，語彙などの分野によって，言語の習得段階によって，あるいはどのような場面状況で使われるかによって，さらにどのような言語を第2言語とするかによって，また個人の言語の使い方によって，逐次流動的に変化していくと考えたほうが良さそうである。図1.3の連続線の上を絶えず動いているということになる。したがって，

第 2 言語ユーザは，母語の母語話者とも第 2 言語の母語話者とも異なる言語の使い方をし，異なる言語知識を持っているということになるが，マルチコンピテンスの研究課題は二つの言語が相互にどのように関係してくるのかということである。

前節で述べてきたように，第 2 言語ユーザをネイティブ・スピーカーと比較して，劣っているとか，まだそのレベルに達していないとか，その達成度を比較研究するのが第 2 言語習得研究ではない。第 2 言語を習得することによって，どのような第 2 言語ユーザとなるのか，その特徴を記述することに主眼を置くべきなのである。では，第 2 言語ユーザの特徴の (4) 認知活動，すなわち「心」に関してはどうだろか。

1.8. 第 2 言語ユーザの心

第 2 言語を学習，習得することによって，異なる物の見方をするようになるのではないか，異なる思考方法を身につけるのではないか，という思いは多くの人が抱くのではないだろうか。これはまさに，異なる言語を話す人は物の見方や考え方が異なるのではないか，という疑問と基本的には同じ疑問である。つまり，言語は思考に影響を与えるという「サピア・ウォーフの仮説（言語的相対仮説）」の検証に関わってくるのである。

「サピア・ウォーフの仮説」は，言語学者で，文化人類学者でもあるエドワード・サピア（Edward Sapir）とベンジャミン・リー・ウォーフ（Benjamin Lee Whorf）の 2 人のアメリカ人によって 1920 年から 30 年代に提唱された仮説である。英語とは統語的にも，語彙的にも全く異なるホピ語（Hopi）やナヴァホ語（Navajo）に接した 2 人は，私たちは全く客観的な世界に住んで

いるのではなく，言語こそが私たちに現実をみせてくれるもの，私たちの考えを形成してくれるものである，と考えるようになった (Sapir (1929), Whorf (1956))。このような考えは，当時多くの注目を集め，言語学の分野でも多くの研究者がその証明を試みたが，その結果は決定的なものではなかった。やがて 1960 年代に入り，言語や文化の違いよりも言語や人間の認知の普遍的な部分が追究されるようになると，この仮説は次第に影を潜めていった。

この仮説の証明が難しかったのは，主として四つの理由が考えられる。まず，この頃から生成文法を提唱するチョムスキー派の言語学が主流となり，言語の普遍性が強調されるようになったからである。比較言語的手法で多くの言語が研究され，たとえば VSO の語順を持つ言語では，形容詞は名詞の後に置かれる (Greenberg (1963)) など，言語間に見られる普遍的な規則が明らかにされた。その結果，異言語間で時間の長さの表現方法がどのように異なるか，など言語の相対的な部分にはあまり興味が示されなくなってしまったのである。

第二の理由は，「サピア・ウォーフの仮説」を検証するためには，言語学の知見だけでは不十分だったことによる。たとえば，ホピ語では英語の 'airplane/aviator/insect' の 3 語にあたる語が一つしかない。そのような言語間の差そのものは文化人類学者の興味を引いたが，認知が異なることをどのように証明するかは，文化人類学や心理学，そして社会学といった学際的な専門性が必要であった。サピアやウォーフ自身も，もともと言語学者であり文化人類学者であるため，違いの描写にとどまり，認知の差を証明すること自体にどの程度興味があったのか，今となっては疑問である (Pavlenko (2011))。

第三の理由は，仮説そのものに内在する曖昧性である。まず，「思考」や「物の見方」という言葉の定義が曖昧であった。思考といっても，「知覚」「注意」「分類」「学習」「推測」「記憶」「判断」「推論」など多岐にわたる。また，言語のどの部分が思考に影響を与えているのか，語彙か文法かも明確に示されていなかった。さらに，言語が思考を「決定する」のか，「影響を与える」のか，あるいは単に話す「言語」が異なれば「社会文化」も異なるという程度のものか，という具合に「強い仮説」と「弱い仮説」があるとも言われた (Penn (1972))。

　さらに決定的だったのは，仮説を検証するための実験方法が，それほど発達していなかったことにある。たとえば，認知の差をどのように検出するのか，その適切な方法はなかったのである。対象となる二つの言語話者が，あまりにも異なる生活をしていたということも実験を難しくしていた。キャロルとカサグランデ (Carroll and Casagrande (1958)) は，英語話者とナヴァホ語話者を参加者として，動詞の選択方法が異なればモノの分類方法も異なるのか，という斬新な実験を行ったが，その実験は参加者の文化的な背景が問題視され，得られた実験結果は正当に評価されなかった。

　しかし，1990年代に入ると言語と思考の関係が再び見直され，実験方法も飛躍的に発展してサピア・ウォーフの仮説の信憑性が次々と実証されるようになってきたのである (Y. Murahata (2014))。その発展に大きく寄与したのが文化人類学者のジョン・ルーシー (John Lucy (1992)) である。ルーシーは，中米にあるユカタン半島のユカテク語 (Yucatec) を分析し，英語と比較した。そして，無生物名詞でも複数形をとる英語の話者と無生物名詞は複数形をとらないユカテク語の話者では，無生物名詞の数に対す

る関心の度合いが異なることを示してみせたのであった。この実験は思考に及ぼす言語の影響を語る上で，抜きにしては語れない研究なので，少し長くなるがここで述べておきたい。

　英語では生物であろうが無生物であろうが，可算名詞は基本的に単数形と複数形をとる。ユカテク語ではすべての名詞は英語の'water''sand'のような物質名詞のように'a glass of water''a bucket of sand'などと助数詞を用いて量を表す。また，無生物の名詞は複数形にせず，生物のみ任意で複数形にすることがある。複数形がある，ということは単数形がある，ということであり，モノを個別化するということが前提となる。'a candle''two candles'（1本のろうそく，2本のろうそく）と表現することは，蝋（wax）が溶けた状態，あるいは固まりではなく，個として形を保持した状態になければならない。同じ材質であっても一つの個として形をなしているかどうかで可算名詞（candle）か不可算名詞（wax）かの違いが出てくる。言語的にこの違いの認識を要求されるのであれば，英語話者は常にモノの形や輪郭により注目し，それがほかのものから切り取られた個別のモノかどうかの判断をしなければならない。ルーシーは，英語話者はユカテク語話者よりも形による分類を好むのではないか，と仮説を立てたのである。

　実験では「陶製のボール・金属製のボール・陶製のお皿」などの三つ組みセットが用いられ，形に基づく組み合わせをするのか，素材に基づく組み合わせをするのか，が調べられた。このほかにも「形と素材」対「数」，「素材」対「数」，「配置」対「数」の分類方法の優位性を調べる三つ組みセットが準備された。たとえば，それぞれ「2本のクギ・3本のクギ・2本のスプーン」，「3個の小石・1個の大きな石・3個のガラス破片」，「円形に置か

た 6 個の豆・円形に置かれた 5 個の豆・線上に置かれた 5 個の豆」といった組み合わせである。いずれの場合もユカテク語話者は形よりも材質による組み合わせを好み，形や配置による組み合わせを好んだ英語話者とは対照的な反応を示した (Lucy (1992))。

　ルーシーはユカテク語話者を参加者として，絵を使った別の実験も行った (Lucy (1992))。1 セット 6 枚の絵を用いた実験である。基本の絵に対して他の 5 枚の絵は人間や家畜等の生物，道具等の無生物，家畜の餌や水等の不可算名詞に属する物質のいずれかに何らかの変化が加えられた絵である。図 1.4 を見ていただきたい。1 の絵は基本の絵から男の子の姿が消えているし，2 の絵では家の近くに横たわっている瓶がない。3 の絵では木にほうきがたてかけられており，4 の絵では鶏の餌がばらまかれている。5 の絵では豚の餌の量が異なる。参加者は 1 から 5 の中でどの絵が基本の絵と「最もよく似ているか」を尋ねられた。「似ている」ということは「違いがないと判断する」ことを意味する。その結果，英語話者は全員が物質の量の違いが最も似ていると判断し，ユカテク語話者は無生物と物質の違いが同程度に似ていると判断したのである（図 1.5 のグラフを参照のこと）。これは求められる言語形式に対応した反応であった。すなわち，単数形・複数形の違いを常に言語形式に表さなければならない英語話者は，絵に表現された生物の数の違いは明らかな「違い」であると判断したと考えられる。生物は時折複数形に，無生物と物質は複数形にしないユカテク語話者では，生物の数の違いを「違い」と判断する人数は少なく，無生物と物質の違いを似ていると判断する人が残りの半々だったということになる。

　さて，ちょうど同じ頃，スティーヴン・C・レヴィンソン (Stephen C. Levinson (1997)) も，「右」や「左」といった自分を中心

第 1 章　マルチコンピテンス（複合的言語能力）とは？

図 1.4　ルーシーの実験で使用された絵のセット例（Lucy (1992: 177) の Figure 14 にもとづく）

とした空間の表し方をしないオーストラリアのグーグ・イミディール語（Guugu Yimithirr）話者が，東西南北という絶対的な方角に対する感覚を発達させていることも明らかにした。たとえば，「テレビの右側に帽子を置き忘れた」という代わりに「テレビの南側に帽子を置き忘れた」と言う表現が要求されるような

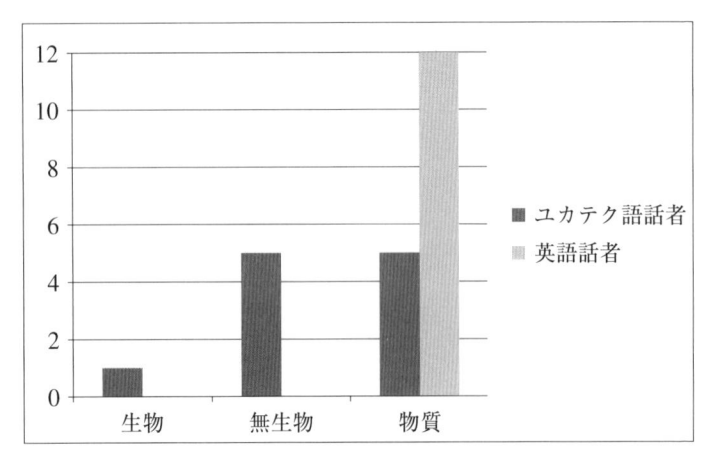

図 1.5　英語話者とユカテク語話者の絵の違いに対する反応人数：どの違いが最も良く似ているかに対する反応（Lucy（1992: 117）Figure 4 にもとづく）

言語では，東西南北の感覚が養われるという。グーグ・イミディール語とは，そのような言語であるというのである。

　このような時期に，マルチコンピテンスという考え方が登場したのは非常に幸運であった。異言語を話す話者間で認知活動に違いがあることが示された結果にもとづき，そこで用いられた実験方法を応用して，母語の習得後に第 2 言語を学習する第 2 言語ユーザの認知に関心を寄せた研究が行われるようになったのである。第 3 章で詳しく紹介するが，大方の結果は予期した通りで，第 2 言語学習の結果として，第 2 言語ユーザの認知パターンは，目標言語話者のそれを徐々に身につけていったり，時としてユニークな反応を示すこともあることが分かってきたのである。

　さらに「サピア・ウォーフの仮説」に関連する研究は，以前のように「言語が思考を決定するか否か」あるいは「影響を与える

のか否か」などというような曖昧な問いではなく，「言語のどの部分が，認知のどの部分に，どのような影響を与えるのか」というように，かなりミクロな視点で言語と認知の関係を明らかにすべきであるという認識にかわってきたのも重要である。このように，言語と思考との関係に関する研究課題や手法がより細密さを増してきたおかげで，マルチコンピテンスにもとづく研究も取り組み易くなってきたのは確かである。

　以上本章では，マルチコンピテンスが複数言語使用を基本とするような現在の世界状況の中で誕生し，多くの研究を通して発展し，第2言語ユーザを見る視点が変わってきたことを概観してきた。次の第2章，第3章では，本章で論じてきたマルチコンピテンスの基本的な概念をキャンバスの背景に，第2言語ユーザの「ことば」と「心」の諸相を具体的に描いていくことにする。

第 2 章

第 2 言語ユーザの「ことば」

本章と次章では，マルチコンピテンスについて実際にどのような研究が行われてきたのか，さまざまな言語レベルや認知領域を対象とした実証研究の結果を踏まえて，第2言語ユーザの「ことば」と「心」について検討していくことにする。これまで，第2言語ユーザは二つの言語知識をもつ人であって，当該2言語の各話者のどちらとも異なるユニークな存在であると述べてきた。それでは，具体的に，一体どの部分で，どのように異なるのだろうか。そして，それにはことばのどの部分が関係しているのだろうか。それらを「ことば」の面と「心」の面に分けて見ていくことにする。

　まず，「第2言語ユーザのことば」と題したこの章では，第2言語の学習により，第2言語ユーザの母語がどのように変化し，そのため，その母語しか知らない話者とは，音韻，語彙，統語，語用論の各レベルにおいて，そして談話やライティング・スキルの面から，どのような言語知識やスキルを持っているのかについて問題にした研究を取りあげて見ていくことにする。

2.1. 双方向の転移と交差言語的影響

　これまでの第2言語習得研究の歴史を振り返ると，前章1.3節で述べたように，母語が第2言語の学習に与える影響というのは，「言語転移 (language transfer)」あるいは「言語干渉 (language interference)」と呼ばれ，第2言語習得研究の重要な下位分野の一つとなっている。第2言語の学習や理解，発話においては，第2言語ユーザは，もっぱら母語に依存するため，母語

話者として身につけた言語特性を第2言語に転移させるというのである。ヴァインライヒ (Weinreich (1953)) は，バイリンガルの言語行動に触れ，いずれの言語の規範からも逸脱した言語形式を使用することを言語干渉というが，それは第2言語ユーザが複数の言語に精通している結果として生じるものである，と述べている。また，ラドー (Lado (1957)) は，言語転移について，次のように述べている。

> [I]ndividuals tend to transfer the forms and meanings, and the distribution of forms and meanings of their native language and culture to the foreign language and culture—both productively when attempting to speak the language and to act in the culture, and receptively when attempting to grasp and understand the language and the culture as practiced by natives. (p. 2)
> (人は——目標言語で話そうとしたり，その言語が話されている文化の中で行動しようとしたりする際には生産的に，また目標言語の母語話者が使用している言語とかれらが享受している文化を把握，理解しようとする際には受容的に——その母語の形式や意味，文化のみならず，その分布までも外国語や外国文化に転移させがちである。)

このような母語の影響については，たとえば日本語を母語とする人が日本語の音に影響を受けて日本語なまりの英語を話すことがあるように，ごくありふれたことである。

　ヴァインライヒやラドーらのこのような言説を受け，第2言語習得の領域では言語転移・言語干渉の研究が盛んに行われ，初期の集大成の一つとして世に出されたのがガスとセリンカー (Gass and Selinker (1983)) による *Language Transfer in Lan-*

guage Learning『言語学習における言語転移』である。

　しかし，上で触れたヴァインライヒの「いずれの言語の規範からも逸脱した言語形式」という表現に注目していただきたい。「いずれの言語」というのは，影響を与えるのは第2言語に限らないことを意味する。すなわち，母語が第2言語に影響を与えるのみならず，第2言語も母語に影響を与える可能性を示しているのである。後者の場合，つまり第2言語が母語に影響を与える場合の例は，日本語なまりの英語や '*How do you think?' '*draw a dictionary' などを例として引いた前者，つまり母語が第2言語に影響を与える場合とは異なり，われわれの日常生活の中ではあまり気づくことがない。また前述した通り，第2言語習得の研究対象はあくまでも第2言語ユーザの目標言語であった。したがって，マルチコンピテンスが登場する以前は，母語の変容という視点での研究はそれほど行われなかったのである。

　その後前述したケラーマンとシャーウッド・スミス (Kellerman and Sharwood-Smith (1986)) の「交差言語的影響 (cross-linguistic influence)」を基盤に，さらに1991年にマルチコンピテンスが提唱されたことにより，第2言語が母語に与える影響 (L2 → L1) も本格的な研究対象となってきたのである (Jarvis and Pavlenko (2008))。

　ここで一つ触れておかなければならない重要な点がある。言語転移，言語干渉，交差言語的影響，あるいはマルチコンピテンスなど術語はどうであれ，結局ある言語が他の言語の発達に影響を与えている研究ではないか，と諒解されるかもしれない。しかし，マルチコンピテンスの枠組みでは「言語の影響」の捉え方，その基本的な考え方は従前のものとは大きく異なるのである。そもそも転移というのは「干渉」とも考えられてきたように，字義

通りに解釈すれば母語が第2言語の学習を「邪魔」している，というように受けとめられてきた。確かに「正の転移」も見られるが，「負の転移」に関する研究が圧倒的に多く，それはつまるところ，母語の影響でネイティブ・スピーカーが話す完璧な言語とはどれだけ差があるか，という研究だったのである。交差言語的影響やマルチコンピテンスという術語が出始めてからは研究スタンスがより中立的なものになり，第2言語ユーザの学習途中の言語は「誤っている」「まだ完全ではない」という見方から，第2言語ユーザの言語それ自体を客観的に記述し，第2言語や母語の規範に合致した言語形式も，いずれからも逸脱した言語形式も，一つの言語体系の一部を成すものとしてありのまま受入れるという姿勢に変わってきたのである。これから説明していく各言語レベルでの第2言語ユーザの言語の特徴については，そのような視点を念頭に置いて読み進めていただきたい。

2.2. 音韻レベル

マルチコンピテンスが提唱される以前であるため，この理論的枠組みで行われたわけでないにせよ，第2言語の学習，習得が第2言語ユーザの母語の音韻的特徴に与える影響を研究課題とした実証研究があった。偶然ながら，第2言語ユーザのマルチコンピテンスを検証した研究があったのである。

たとえば，フレーゲ（Flege（1987））の研究がそうである。フランス語の /t/ の音と英語の /t/ の音とでは，有声開始時間（VOT: Voice Onset Time）が異なると言われている。有声開始時間というのは，/t/ の音を例にとれば，この閉鎖音を出すために口腔と鼻腔の閉鎖を解放した直後から /t/ の音本体にいたるまでの，わ

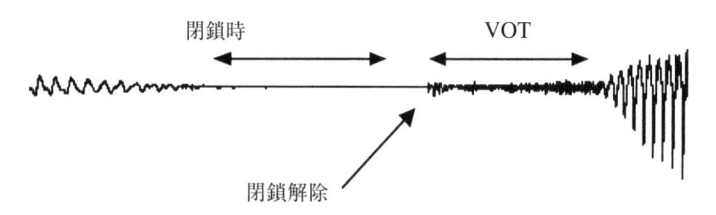

図2.1 有声開始時間（VOT: Voice Onset Time）（Zampini and Green (2001: 24) の Figure 2.1 にもとづく）

ずかながら声帯が振動する時間帯を言う（図2.1を参照）。

　英語の /t/ の VOT は，30〜35ミリ秒が平均的と言われている。フランス語の /t/ は，英語の /t/ よりもこの VOT が短い。そこで，フレーゲは，英語とフランス語を母語とし，それぞれを第2言語とする2グループ（英語・フランス語バイリンガルとフランス語・英語バイリンガル）の VOT を比較したところ，双方向の効果が見られたのである。英語母語話者がフランス語を第2言語として学習した場合にも，フランス語母語話者が英語を第2言語として学習した場合にも，第2言語の影響が母語に生じていることが明らかになった。つまり，フランス語を学習した英語話者の英語の /t/ の音はフランス語のように有声開始時間が短くなり，英語を学習したフランス語話者のフランス語の /t/ の音は英語のように有声開始時間が長くなるのである。

　また同じ研究の中で，フランス語話者が英語を学習したときのフランス語の /u/ の音には英語の影響が見られたが，フランス語を学習した英語母語話者の /u/ の音に有意な変化は見られなかったという。これらの結果を総合すれば，英語母語話者がフランス語を学習するとフランス語のような英語音を発するようになり，一方，フランス語話者が英語を学習すると，音によっては英語の

ようなフランス語音を発するようになる場合もあるということである。フレーゲが得た結果から推測すると，/t/ などの子音は影響を受けやすいが，/u/ のような母音は第2言語の影響を受けにくい可能性も考えられる。

　有声開始時間（VOT）に注目した研究はほかにもある。/p/ と /b/ のような閉鎖音は，音韻レベルで見ると「無声音」と「有声音」に区別されるのはたいていの言語に共通であるが，VOT の点，つまり音声学レベルで見ると言語によって差が生じる場合がある。そこで，オブラー（Obler（1982））は閉鎖音の VOT に大きな差のあるヘブライ語（Hebrew）と英語の母語話者とバイリンガルを比較した。たとえば，有声音の /b/ でいえば，ヘブライ語では閉鎖解放のかなり前（－110.8 ミリ秒）から声帯に振動が見られ，英語ではヘブライ語と同様に閉鎖解放の前から声帯に変化が見られるが，ヘブライ語の場合と比べると圧倒的にそれは短い（－8.5 ミリ秒）。そして無声音の /p/ を見ると，ヘブライ語のほうが閉鎖解放後の VOT が英語よりもかなり短い（それぞれ ＋25.6 ミリ秒，＋77.6 ミリ秒）。この実験では二つの言語能力がほぼ同等のバイリンガルが対象となり，ヘブライ語と英語の両言語での VOT が測定された。その結果，バイリンガルはヘブライ語を話す時には無声音が英語に近づき，英語を話す時には有声音がヘブライ語に近づいた。つまり，ヘブライ語・英語のバイリンガルは，有声閉鎖音 /b, d, g/ と無声閉鎖音 /p, t, k/ を発音する際の VOT の違いがモノリンガルより大きくなったという，非常に興味深い結果が出たのである。バイリンガルは，必ずしも両言語の中間に位置するのではないということだ。

　さらに，グリーンら（Green, Zampini and Magloire（1997））は，英語とスペイン語においても閉鎖音の VOT に大きな違いがある

ことに注目して，英語・スペイン語のバイリンガルの音声特徴について調査している。英語とスペイン語の閉鎖音の VOT を比較すると，無声 (/p/)・有声 (/b/) のいずれも英語は約 30 ミリ秒程度長い。英語とスペイン語のバイリンガルについては，英語での実験とスペイン語での実験が行われた。調査の結果，興味深い現象が観察された。英語での実験でもスペイン語の実験でも，参加者のバイリンガルは /p/ も /b/ も，それぞれのモノリンガルと同様の VOT パターンを示したが，いずれもモノリンガルよりも VOT が長いという結果であった。特にスペイン語の実験では，スペイン語のモノリンガルと比べると，/p/ では約 1.5 倍，/b/ では約 5 倍の長さであった。これらの結果をまとめると，英語とスペイン語のバイリンガルの場合，VOT の長い英語の音声的特徴が英語使用時にもスペイン語使用時にも現れるが，VOT の短いスペイン語を使用する場合には，その傾向がさらに強くなるということである。

さて日本語の場合を考えてみよう。これは日常生活の中で経験することで実験的に明らかにしたものではないが，英語学習の結果，日本語母語話者の日本語の音声に影響が現れることもある。たとえば /siː/ や /diː/，/tiː/ などの音が日本語の中にも出てくる現象である。具体的には，文字の C や D を読む際に，英語を学習した人はたいてい日本語の音声の「シー」とか「デー」とは言わず，英語の音声で読むことが多いはずである。「ビタミン C」とか「ビタミン D」という時に日本語音声の「ビタミン・シー」「ビタミン・デー」と言うのではなく，「ビタミン /siː/」「ビタミン /diː/」という具合いである。このような発音をする人は，特に若い人に多いように思えるが，おそらくそれは英語学習の影響であろう。また「誕生日のパーティに行く」と言うようなときも，

「テー」ではなく英語の /tiː/ に近い音を発している。このような /tiː/ という音は，もちろん日本語にはない。

　さて，このように印象としての日本語の変容ではなく，第2言語に影響を受けた日本語の音声に関する本格的な研究を一つ見てみよう。ハラダ（Harada (2007)）は，英語を第2言語とする日本語話者を参加者として，破裂音 /p, t, k/ の有声開始時間（VOT）を調査している。日本語の /p, t, k/ の VOT は英語の /p, t, k/ よりかなり短いとされている。調査の対象は，日本国内において英語のイマージョン・プログラムで学ぶ日本人児童である。イマージョン・プログラムでは，多くの教科を英語で受けているので英語に接触する時間はかなり長い。その児童の /p, t, k/ の音を調べたところ，日本語を話すときと英語を話すときでは，分節音素的には，はっきりと区別してそれらの音を出しているにもかかわらず，日本語の /p, t, k/ は英語を学習していない児童の /p, t, k/ よりも音声開始時間がかなり長いということが明らかになった。日本語の音声が英語の影響を受けている証拠であり，先ほどのスペイン語と英語話者の研究事例の結果とも一致して興味深い。

　しかしながら，そもそもこれらの研究はマルチコンピテンスを探るための研究ではなかった。そのため，研究課題も「ネイティブ・スピーカーのように本物の authentic な音が習得できるようになるのだろうか（Flege (1981)）」であったり，「母語話者を基準とするとまだ（母語と第2言語の）中間レベルである（Harada (2007)）」のような母語話者を基準として比較した記述が見られる。しかし，いずれの研究においても，全く偶然ながら，音韻・音声レベルにおいて複数言語が脳内で相互に影響し合っているという第2言語ユーザのマルチコンピテンスの特徴を明らかにした研究として注目される。

2.3. 語彙レベル

母語に対する第 2 言語の影響は語彙レベルにも見られる。まずトクマル（Tokumaru (2002, 2005)）の研究を見てみよう。この研究では，英語を第 2 言語とする日本語母語話者が英語からの借用語であるカタカナ語を見て，どのような言葉を連想するか，という実験が行われた。実験の参加者は以下の構成である。

実験群：
　英国在住の日本人成人（多くは留学中の大学生，滞在期間 4 ヶ月〜 10 年，平均 2 年）25 名
　日本在住の日本人（少なくとも 6 年間の英語学習経験）10 名
統制群（各言語の典型パターンを引き出すための参加者）：
　日本語モノリンガル（英語の知識がほとんどない日本人）4 名
　英語モノリンガル（日本語の知識が全くない英国人）10 名

参加者には，英語からの借用語である「ボス」「スマート」「タレント」「バイク」などのカタカナ語を聞いて，思いつく言葉を 20 秒間でできるだけ多く書く，というタスクが与えられた。結果は，英国在住の日本語バイリンガル群は英語本来の意味に関連する，通常英語モノリンガルが思いつくような言葉を圧倒的に多く連想することが分かった（図 2.2）。

具体的に見てみると，表 2.1 が示すように，英国在住の日本語を母語とする英語ユーザは「ボス」からは「会社」「仕事」等を連想し，「スマート」からは「利口」「おしゃれ」などの言葉を連想

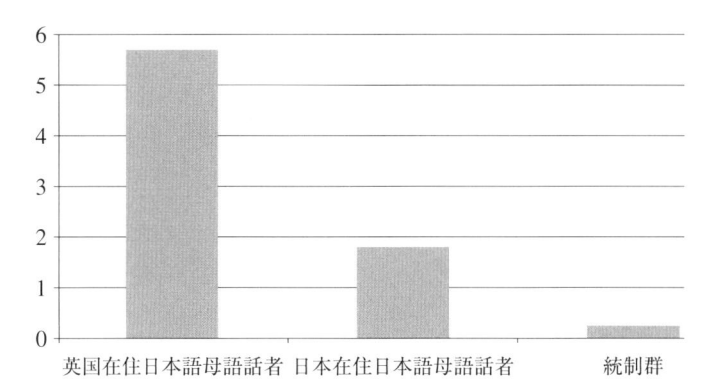

図 2.2 英語の影響による連想反応語数の 3 群比較平均値 (Tokumaru (2002: 404) Bar Chart 1 にもとづく)

した。一方，英語との接触があまり日常的でない日本語を母語とする日本語母語話者は，そのような英語本来の意味はあまり連想せず，「ボス」に対しては「サル」「リーダー」など，「スマート」に対しては「ほっそり」「痩せた」などの言葉を思い浮かべたのである。これは明らかに，第 2 言語である英語の語彙構造が母語である日本語の語彙構造に影響を与えたものと考えられる。

表 2.1 カタカナ語から連想する語の比較 (Tokumaru (2002))

	【ボス】	【スマート】
英国在住の日本語母語話者	会社，仕事	利口，おしゃれ
日本在住の日本語母語話者	サル，リーダー	ほっそりした，痩せた

また，ロシア語を母語としヘブライ語を第2言語とする場合の，第2言語の母語への影響を示した興味深い研究もある (Laufer (2003))。この実証研究の参加者は，ロシアからの移民でイスラエル在住のロシア語とヘブライ語のバイリンガルである。統制群はモスクワ在住のロシア語話者である。実験では，ヘブライ語の影響を受けた標準的なロシア語から逸脱した言語形式を含むロシア語を意図的に見せ，「不適切であれば訂正する」というタスクを参加者に与えた。たとえば「テレビを消した」を意味するヘブライ語の影響を受けた '*Ja zakryl televizor (*I closed the TV)' というロシア語文を提示して判断させた。通常使われるロシア語文は 'Ja vykluchil televizor (I switched off the TV)' である。つまり，「消す」「テレビ」という動詞句の連語においては，通常ロシア語では 'vykluchil televizor' となるが，ヘブライ語では「閉める」に相当する動詞を使用するため，それに対応するロシア語の 'zakryl' をロシア語文に使用した場合，どの程度許容されるかを見るのである。

　実験の結果，参加者はイスラエルに滞在する期間が長くなれば長くなるほど，上記のヘブライ語の影響を受けたロシア語の非文を訂正しなくなる傾向にあることが明らかになった。すなわちこの結果は，第2言語であるヘブライ語の学習が母語であるロシア語の語彙構造に変容を与えている可能性を示しているのである。このような母語の語彙構造の変容は，従来の第2言語研究の枠組みでは，母語の忘却 (first language attrition) として扱われてきた。しかし，マルチコンピテンスの視点から見ると，このような変容は母語の喪失とか減退ではなく，第2言語という新たな言語体系が既存の母語の言語体系に加わることによって，一つの総体としての言語体系に変容が生じたと見ることができるの

である。

　また，次のような興味深い事例もある。第2言語学習を通して，母語には概念的に完全に一致するものが欠如している語彙を身につけることによって生じる母語の変容である。たとえば，第2言語を学習すると，母語と第2言語の間で語彙の概念範囲が一部は重なるけれども基本的には異なる概念を指し示す語彙や，母語では表現することが極めて困難な新しい概念を示す語彙に出会うことがある。このようなことは異言語に触れて初めて，意識的あるいは無意識的に気づいたり，経験することである。

　では，第2言語ユーザは，語彙の上で違いのあるそのような概念を自らの母語で表現する場合には，どのような言語表現を用いるのだろうか。パブレンコ（Pavlenko（2003））は第2言語が母語の語彙構造に及ぼす影響について調査している。参加者はアメリカの大学で学ぶ，ロシア語と英語のバイリンガル30名である。参加者には，音声を消した3分程度の4本の動画を見せ，状況について母語のロシア語で説明するというタスクが与えられた。動画には，見知らぬ人が密着して人の横に座ったり，他人の手紙を無断で読んだりする場面がある。

　参加者の状況説明を分析すると，本来母語であるロシア語では表現しないようなものが数多く観察された。標準的なアメリカ人であればプライバシーの侵害と判断するような状況について，'solitude, emotion, feelings' などに相当するロシア語の語彙で 'privacy' という概念を伝えようとしていたことがわかった。そもそも英語を知らないロシア語話者であれば，このような言い方はしないという。ロシア語には 'privacy' という英語に相当する語彙がないため，その概念を何とか伝えようとした結果，そのような表現になったものだろう。

また，第2言語である英語の意味を母語のロシア語にも広げて使用する例も見られた。たとえば，英語の'girl'に相当する'devochka'というロシア語の語彙を，'a young woman'を指す状況でも使用する参加者がいたのである。ロシア語では，'devochka'は13歳程度までの少女を指す場合に使用される語彙であって，それ以上の年齢の女性，すなわち'a young woman'を指す場合には'devushka'が使われる。また，主として精神的な状況における謝罪の時に用いる'neudobno'を英語で言えば'uncomfortable'にあたる物理的に不快な状況で使用した参加者もいたという。

　次に，言語間に動詞特性の違いがある場合，母語の表現に変容が現れるかどうかを探った実験を見てみよう。たとえば日本語で「学校に通う」という場合，英語では'go to school'という表現になることを学習する。しかし，実際の行き方はさまざまで'walk to school' 'run to school' 'drive to school'などという言い方もある。歩いて行くのか，走って行くのか，車で行くのか，英語では，その行き方が一つの動詞に含まれるので別の語句を付け加える必要がない。反対に，日本語では「上がる」「降りる」「通る」など，一つの動詞で表されるものが，英語では'go up' 'go down' 'go though'などのように，動作の経路を表す副詞を添える必要がある。

　このように動作の様子・様態（manner）が動詞自体に含まれて表現され，副詞句などを付随させることによって動作の経路（path）を表すような「様態動詞（manner verb）」を多く持つ言語を「satellite-framed language（付随要素枠付け言語または衛星枠付け言語）」と呼び，英語，オランダ語，ドイツ語，ロシア語，および中国語がそうである。日本語のように動作の様子や方向が

「車で」「〜へ」などのように任意に表現され，動作の経路が「入る」「出る」「横切る」などのように一語で表される「経路動詞 (path verb)」を多く持つ言語を「verb-framed language（動詞枠付け言語）」と呼ぶ。日本語のほかにスペイン語，フランス語，トルコ語，そしてヘブライ語などがそうである。どちらのタイプの動詞をより頻繁に用いるかで，言語を大きく二つに分類することができる (Talmy (2000))。

それでは，このような動詞特性の違いがマルチコンピテンスにどのような影響を与えているのだろうか。経路動詞を多用する日本語の話者が様態動詞を多用する英語を学ぶことによって，動きを表す表現方法に変化が生じることを明らかにした研究がある (Brown and Gullberg (2011))。人がある動作をしているビデオを見て，見た事柄を母語で描写するというタスクを用いて実験が行われた。参加者は，英語を全く使用しない日本在住の日本語モノリンガル 16 名，米国在住の英語モノリンガルは 13 名，日本在住の 15 名とアメリカ在住の 13 名のバイリンガルである。両バイリンガル群の参加者の英語能力にはほとんど差がなかった。すると下の表 2.2 にあるように，日本語モノリンガルは英語モノリンガルに比べ，明らかにさまざまな経路動詞を多用し，英語話者は日本語話者に比べて多様な副詞(句)を用いて経路を表現していることが確認された。

一方，日本語と英語のバイリンガルは英語と日本語の両方でタスクを行ったところ，使用した動詞に関しては，英語での実験では 'approach' 'arrive' 'enter' などの経路動詞を使う頻度が英語のモノリンガルより高いことがわかった。日本語で行った実験では，経路動詞の使用には日本語のモノリンガルとの差はみられなかったが，経路を表す助詞等の使用頻度が日本語モノリンガルよ

表 2.2 日本語・英語モノリンガルが使用した経路動詞と助詞・副詞等

	日本語モノリンガル	英語モノリンガル
使用した経路動詞	上がる，入る，行く，下る，来る，登る，落ちる，侵入する，対する，通る，伝う，伝わる，移る，渡る，やってくる	come, get, go
経路を表す助詞・副詞(句)等	へ，から，まで，まっしぐらに	across, along, back, behind, beyond, down, from, in(side), into, on, out of, over, through, to, up

り高く，統計的にも有意な差が確認された。実験をしたブラウンとグルバーグは，日英のバイリンガルの頭の中では，英語の様態動詞を多用するシステムと日本語の経路動詞を多用するシステムが一つに収斂した状態 (convergence) で，二つの言語は双方向で影響し合っていると結論づけている。

映像を見て描写するという同様のタスクを用い，様態動詞を多用する英語のモノリンガルと，経路動詞を多用するスペイン語のモノリンガル，さらに両言語のバイリンガルを比較した研究もある (Hohenstein, Eisenberg and Naigles (2006))。この研究の実験に使われたのは 12 本のビデオクリップで，「ジョギングしながら建物に入っていく男性」「坂を滑り下りていく女性」「飛び跳ねながら建物に入っていく男性」などが写っており，かなり動きのある映像である。

結果は，下の図2.3のグラフに示されているように，英語モノリンガルは一人平均10語以上という圧倒的に多くの様態動詞を使い，経路動詞は1語以下で極めて少なかった。その反対にスペイン語モノリンガルの様態動詞の使用は一人平均約4語程度と少なく，経路動詞は8語以上と多用していた。

一方，英語とスペイン語のバイリンガルに対しては，1週間の期間をあけて英語とスペイン語の両方で同じ実験を行ったところ，英語を使ったときは英語モノリンガルと同じような動詞の使い方をし，スペイン語を使った場合にも，かなり英語の影響を受けたと思われるような動詞の使い方を示したのである。つまり第2言語である英語の影響が，母語のスペイン語に現れたものと考えられる。

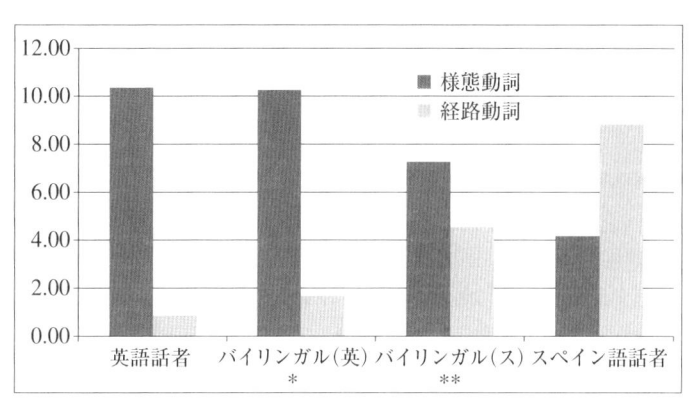

図2.3 英語話者，英語・スペイン語のバイリンガル，スペイン語話者の様態動詞および経路動詞の使用数の平均
* 英語・スペイン語のバイリンガルが英語で実験を行った場合
** 英語・スペイン語のバイリンガルがスペイン語で実験を行った場合 (Hohenstein, Eisenberg and Naigles (2006: 254) Figure 1 にもとづく)

2.4. 統語レベル

　第2言語の学習が統語レベルでも母語に与えることを研究した事例は，マルチコンピテンスの登場以前にも見られた。たとえば，英語とヘブライ語のバイリンガルの例である。セリガー (Seliger (1989)) によれば，7歳でアメリカからイスラエルに移住した少女を長期にわたって観察したところ，彼女の母語である英語の関係代名詞の使用に二つの大きな変化が現れるようになったという。まず第一に，ヘブライ語には関係代名詞は一種類しかないため，英語の関係代名詞も 'that' のみが使われるようになったということである。さらに，関係代名詞と節内の代名詞の併用も見られた。英語では関係代名詞節の中の先行詞を指し示す代名詞は空範疇化（省略）され，以下の例のように代名詞を残すと標準的な英語では非文となる。標準的な英語では非文となるヘブライ語の影響を受けた英文を構成するようになったのである。

　*I'm going to tell you a different thing that everyone likes it.

　また，マルチコンピテンスを検証するために行われた本格的な実験がある (Cook et al. (2003))。参加者は，スペイン語，ギリシャ語，日本語を母語として英語を第2言語とするバイリンガル（それぞれ20名，21名，24名）と，それぞれの母語話者（それぞれ20名，26名，21名）であった。母語を異にする英語とのバイリンガルは，それぞれの母語の文処理に英語学習の影響が見られるのかを探る実験であった。

　実験の理論的背景としたのが「競合モデル（Competition Model）」(Bates and MacWhinney (1981)) と呼ばれるもので，人

の文処理というのは，各言語内に競合する要素が複数ある場合，それぞれの要素に与えられている重みに依存するという考え方である。よく引用される例には，文中に複数の名詞がある場合，どの名詞が主語であるかを決定するのに，語順を優先させるか，意味を優先させるか，という競合がある。

この実験では，参加者に【イヌ，なでる，木】のように，二つの名詞（N1, N2）と一つの動詞（V）を見せて，どちらの名詞が主語だと思うかを問うた。主語の選択には，どのような要素が影響するのかを見るため，三つの語の語順を変えたり（N1-V-N2 / V-N1-N2 / N1-N2-V），生物名詞（イヌ，ネコ）と無生物名詞（机，本）の両方，主語の標識をあえて付けた語（ロバは），複数を示す標識（クマたち）を付した語を刺激語として使用した。

実験の結果，どの言語話者もそれぞれの母語のモノリンガルとは異なる反応を示した。たとえば，スペイン語と英語のバイリンガルは，両方の名詞が生物名詞の場合（N1-N2-V），最初の名詞（N1）を選択する傾向がスペイン語モノリンガルと比較すると有意に低く，また，2番目の名詞（N2）は格標識（Object）を付されていて（a los tortugos）最初の名詞（N1）は格無標識[1]の場合（N1-N2-V），最初の名詞（N1）を主語に選択する割合がモノリンガルよりも有意に低いことがわかった。これらの変容は，英語を第2言語として習得した結果として語順を重視する英語の言語特性が直接影響を与えたとは考えにくく，むしろ母語習得後に別の言語を学んだことにより，スペイン語という母語の世界において「格」の手がかり（標識）に向ける注意度が弱まったものと考えられる（Cook et al. (2003)）。このような変容は，マルチコン

---

[1] スペイン語では主語となる名詞には格標識は付されない。

ピテンスの登場以前の言語転移や交差言語的影響などの理論的な枠組みでは，ほとんど注目されていなかった第2言語ユーザのユニークな言語能力の一端である。

また，ギリシャ語と英語のバイリンガルは，両方の名詞が生物の場合に，ギリシャ語モノリンガルより最初の名詞（N1）を選択する傾向がN1-V-N2の語順では有意に低く，N1-N2-Vの語順では有意に高いことが分かった。また，V-N1-N2の語順ではN1であれN2であれ，主格標識が付された名詞（Petros[2]）を選択する傾向が有意に低かった。この変容は，スペイン語バイリンガルの場合と同様に直接影響を受けたとは考えにくく，「格」標識の効力が失われたと考えられる。

さて，日本語と英語のバイリンガルはどのような反応を示したのだろうか。実は，先ほどのスペイン語バイリンガルやギリシャ語バイリンガルに比べると，最も顕著な変容を見せたグループであった。日本語と英語のバイリンガルは，名詞がN1 N2の順序に関係なく，日本語モノリンガルよりも好んで生物名詞（イヌ）と複数名詞（ネコたち）を主語として選ぶ傾向が有意に強かったのである。基本的には無生物主語（木）を主語に取らない日本語の話者が生物主語を好む傾向にあるのは至極当たり前であるが，英語という第2言語を学ぶことによって，よりその傾向が強くなったということである。

また，通常人間と一部の動物しか複数標識（〜たち）を取らない日本語の話者が（Corbett (2000)），複数標識が付与された名詞

---

[2] ギリシャ語では，'Petros'を形成する'-os'という形態素は，この基幹語が男性名詞で，単数，主格であることを表している（Cook et al. (2003: 199)）。

を主語として選択する傾向がより強くなったことは，生物名詞でも無生物名詞でも複数形をとる英語を学習した結果として，名詞の複数形をより意識するようになったのかもしれない。

　さらに，「は」と「が」で主格標識が付与された名詞が含まれる場合の主語の選択では，非常に興味深い傾向が見られた。すなわち，主格標識のある名詞が N1 の位置にくる場合，全体的な傾向としてモノリンガルよりもその名詞を主語に選択する傾向が強く，それは特に N1-V-N2 の状況で顕著であった。一方，主格標識のある名詞が N2 の位置にくる場合も，それを主語に選択する割合が全体的にモノリンガルよりも高く，特に V-N1-N2 の場合では統計的にも有意差がでるほど高かったのである。これらの結果から，日本語バイリンガルは，主語選択には語順に依存するというよりは，むしろ格標識に依存する傾向がモノリンガルより強いと考えられ，日本語モノリンガルよりも日本語特性に対する意識が強まったことになる。

　以上の実験では，バイリンガルがモノリンガルとは異なる反応を示したが，第 2 言語である英語の統語的な特性を反映した変化ではない，と解釈された。次に紹介する，ドゥシアスとサガッラ（Dussias and Sagarra (2007)）の研究は，第 2 言語との接触が母語の統語解析（syntactic parsing）の処理に影響を与えることを示したものである。参加者は，スペイン語のモノリンガル（G1: 54 名），英語圏に在住しているが滞在期間が短く英語との接触が限定的なスペイン語と英語のバイリンガル（G2: 30 名），英語圏に在住し，かつ英語との接触がかなり長期にわたっているスペイン語と英語のバイリンガル（G3: 20 名）である。

　次の例文のように，先行詞が曖昧な関係代名詞節を含む文は，どのように解釈されるかを，まず検討してみよう（Dussias and

Sagarra (2007))。

> The police arrested the brother of the servant who had been ill for a while. (p. 109)
> (警察は，しばらく病気だった使用人の兄（弟）を逮捕した。／警官は，しばらく病気だった，使用人の兄（弟）を逮捕した。)

この英文では，'who' が導く関係代名詞節の先行詞が，'the brother'（N1）なのか，'the servant'（N2）なのかが曖昧である。このような文を解析する場合，スペイン語話者は最初の名詞 'the brother' を先行詞とし，一方，英語話者は関係代名詞節に接するほうの 'the servant' を先行詞として解釈することが圧倒的に多いという。

そこで，ドゥシアスとサガッラは，スペイン語のモノリンガルと第 2 言語である英語との接触量の異なる三つのグループが，このような関係代名詞節を含むスペイン語文をどのように処理するかを調査した。ただし，スペイン語は英語と異なり，名詞と形容詞は性と数が一致しなければならず，別の見方をすれば，形容詞から名詞の性が判断できるのである。したがって，以下のような刺激文を作成した。

> 先行詞が N1 にかかる場合：
>   N1（'hermana'（姉妹）女性）+ N2（'criado'（使用人）男性）+ 関係代名詞節内の形容詞［女性 (enferma)］
> 先行詞が N2 にかかる場合：
>   N1（'hermano'（兄弟）男性）+ N2（'niñera'（ベビーシッター）女性）+ 関係代名詞節内の形容詞［女性 (enferma)］

つまり，関係代名詞節で女性形容詞である「病気の」'enferma'

を使用した場合，主節の '[N1] of [N2]' の [N1] に 'hermana'（「姉妹」女性），[N2] に 'criado'（「使用人」男性）を使用すれば，先行詞は [N1] になり，[N1] に 'hermano'（「兄弟」男性），[N2] に 'niñera'（「ベビーシッター」女性）を使用すれば，先行詞は [N2] になる。このような構造になれば先行詞選択の曖昧さが無くなるのである。

　実験では，参加者には刺激となるスペイン語文をコンピュータの画面で見せ，まず各自のペースで黙読させた。その上で，内容理解の正確さを見る質問に解答させ，内容理解の正確さと参加者が各刺激文の処理に要した時間が測定された。

　実験の結果，内容理解の正確さについては，いずれのグループも 90% 以上とほとんど差はなかった。しかし，処理に要した時間については，G1 と G2 はほぼ同じという結果が得られたが，G3 は大きく異なっていた。すなわち，関係詞が 2 番目の名詞（N2）にかかる場合の処理に要した時間が G1，G2 よりも有意に短く，逆に関係詞が最初の名詞（N1）にかかる場合の処理に要する時間は，他の 2 グループよりも長いという結果であった。この結果は，第 2 言語である英語の接触量が多くなれば，母語の統語解析に際しては語順に注意を向ける割合が高くなり，母語に特徴的である文法的な性への注意の依存度が低くなることを示唆している。これは明らかに英語である第 2 言語が母語であるスペイン語の処理に影響を与えていると考えられる。

　次に紹介する実証研究は，第 2 言語としての英語の学習を通して無冠詞複数形で表される総称名詞を学べば，母語である日本語においても総称的に用いられている名詞が，総称的，一般的なモノを指しているという認識を強くするかどうかを探ったものである（Y. Murahata（2012））。

総称名詞とは「ライオンはどう猛だ」の「ライオン」のように，ある種に属するものを一般的な総称として言い表す名詞のことである。英語では 'Lions are ferocious.' のように無冠詞の複数形で表現されることが一般的である。日本語では「ライオンというものは」という表現にすることは可能であるが，通常は言語形式に変化はない。そのため，形式論から言えば日本語話者が「総称名詞」という言葉や表現自体に出会うのは，第2言語の英語学習を通してであると言っても過言ではない。

　英語の可算名詞を使用する場合は，常に冠詞と数に気を払わねばならない。しかしその一方で，冠詞や数の明示により，特定のモノを指すのか，一つかそれ以上かをより明確に表現することができる。「黒船が浦賀にやってきた」と日本語で言った場合，黒船は1隻なのか複数なのかは不明である。しかし 'The Black Ships arrived in Uraga.' と英語でいえば，船は少なくとも2隻以上で艦隊をイメージさせる。

　そこで，村端 (Y. Murahata (2012)) は日本語を母語とする英語ユーザは，総称的意味を表す名詞を含む日本語文と，特定の個体を表す名詞を含む日本語文を，それぞれどのように判断するかを探る実験を行った。参加者は，日本で英語を学ぶ66名の大学生 (JNS) と，統制群となる26名の英語母語話者 (英国大学生，ENS) であった。JNS は Quick Placement Test (Oxford University Press (2001)) のスコアにより，JNS-Low (35名) と JNS-High (31名) の2グループに分けられた。実験では，以下のような刺激文がそれぞれの言語で準備された。

1) 紫色のブロックを取ってください。
　（ア）一個のブロックのことを言っている。

(イ) 数個のブロックのことを言っている。
(ウ) たくさんのブロックのことを言っている。
(エ) たいていのブロック一般のことを言っている。

2) 弟は恐竜が好きだ。
(ア) 一頭の恐竜のことを言っている。
(イ) 数頭の恐竜のことを言っている。
(ウ) たくさんの恐竜のことを言っている。
(エ) たいていの恐竜一般のことを言っている。

1)の「紫色のブロックを取ってください (Can you hand me the purple blocks?)」のように，特定の個体を表す名詞を含む文と 2) の「弟は恐竜が好きだ (My brother loves dinosaurs.)」のように，総称的意味を表す名詞のある文を参加者に読ませ，刺激となる名詞が「一つの (one) モノ」を指すのか，「いくつかの (a few) モノ」，「たくさんの (many) モノ」，あるいは「一般的な (in general) モノ」を指すのか，を判断させた。

実験の結果，2) のような総称的な意味を表す名詞に対して，英語母語話者 (ENS) も日本語話者 (JNS) も，他の選択肢よりも (エ) を好む傾向が圧倒的に強く，特に ENS はほぼ全員がこの選択肢を選んでいた。一方，英語能力に差のある 2 グループを比較して見ると，英語の能力の高いグループ (JNS-High) は，低いグループ (JNS-Low) よりも (エ) を好む傾向が統計的に有意に高いことが明らかになった。この結果は，英語の学習により，母語である日本語の意味的，統語的特性に対する感覚がより鋭敏化したことを示していると考えられる。

2.5. 語用レベル

これまで，第2言語が母語にどのように影響を与えるかについて，音声や語彙，統語レベルでの事例について見てきたが，これらはどちらかと言えば第2言語ユーザのマルチコンピテンスの知識に関する事例で，実際のことばの使用場面において見られる影響ではなかった。第2言語の学習は，母語の言語運用にも何らかの形で影響を与えることが考えられる。そこで本節では，実際のことばの使用，語用レベルでの母語使用の変容について検討していくことにする。

まず，人の相づち行動についての研究事例を見てみよう。相づちは，どの言語の使用者にも見られる言語行動の一つで，一見普遍的にも見える。しかし，その使用頻度や相づちのタイプ，使用場面などについては言語や文化によって異なると言われている (Heinz (2003))。たとえば，外国人が日本語話者と話していると，日本語話者は「はい」「ええ」「うん」「そうですね」「なるほど」などと頻繁に頷いたり相づちを打ったりするため，話を中断されたと思ったり，はたしてこの人はどちらの意見に同意しているのだろうか，などと戸惑うことがある（水谷 (1985))。どのような相づちを，どのようなタイミングで，どのくらいの頻度で打つかは，言語や文化によって異なるのである。

タオとトンプソン (Tao and Thompson (1991)) は，中国語と英語の相づち行動の違いに着目して，第2言語としての英語の習得が母語である中国語に与える影響を調査している。彼らの研究は，相づち行動という語用レベルの第2言語が母語に与える影響の逆行転移 (backward transfer) を調査したもので，著者の知る限りではパイオニア的研究であり注目に値する。

彼らはまず，それぞれのモノリンガル母語話者の 5 分間の日常会話を分析し，英語母語話者と中国語母語話者の相づち行動に大きな違いあることを確認した。英語母語話者には 63 件の相づち行動が観察されたが，一方，中国語の母語話者にはわずかに 10 件しか相づち行動は見られなかった。

この結果をもとに，タオとトンプソンは，中国語を母語とし，約 20 年間英語圏に在住の英語に堪能な 40 歳前の中国語母語話者（2 名の男性）と中国語圏に在住の 20 代の大学生（男性 1 名，女性 1 名）の 2 組の間で交わされる中国語による約 40 分間の日常会話を分析した。大学生のうちの 1 人（女性）は，中国語圏で生まれ，父親が英語母語話者であるため英語と中国語の両方に通じているが，英語圏での長期の滞在はない。分析の結果，英語に堪能な中国語母語話者は，中国語圏在住の大学生に比べると，40 分のうちの 5 分間だけをみても，53 件と 2 件，25 件と 14 件，というように，相づち行動をとる頻度は格段に高いことがわかった。ただし，タオとトンプソンは触れていないが，中国語圏在住のバイリンガル大学生（女性）の場合を見ると，対話相手の 25 件よりも少ないのは確かだが，14 件もの相づち行動が観察されている。このことのは，英語圏在住いかんにかかわらず，英語習得が進めば相づち行動は比較的多く見られることを物語っていると考えられる。

タオとトンプソンの結果には，また，相づちの打ち方にも質的な違いがいくつかあることも観察された。その中で特に興味深いのは，英語圏在住の中国語母語話者は，'Aha' 'Uh' 'Hm' などに強勢をおき，かつ引き延ばして「理解」や「同意」を強調する機能として多用している点，中国語の会話の中で 'Aha' 'Yeah' などの英語会話で使われる相づちを多用していた点，'Aha, Aha'

'Shi, shi, shi [Yes, yes, yes]' 'Dui [right] Yeah' のように，一度に複数の相づちを連続して使用する，タオとトンプソンの言う連続的相づち（backchannel clustering）という現象が見られたことである。タオとトンムソンは，第2言語の習得によって，音声や語彙，文法などよりも，語用の領域において「もっとも劇的な効果 the most dramatic effects」が現れる，と結論づけているが，参加者数がわずか4名であること，男性が3名で女性が1名であることなど，参加者の個人差への配慮，統制に課題がある。

ハインツ（Heinz (2003)）は，モノリンガルとバイリンガルの相づち行動にいて二つの実験を通して調査している。最初の実験では，参加者のドイツ語モノリンガル10名（5組）と英語のモノリンガル10名（5組）がそれぞれ電話で25分の会話をし，その録音に含まれる相づち行動を抽出した。その結果，予想通り相づちを打つ回数を見ると，ドイツ語のモノリンガルは英語のモノリンガルの7割程度とかなり少なく，しかも相手の発話に重ねて打つ相づち（overlapping backchannel）もドイツ語モノリンガルは英語モノリンガルに比べると4割弱とかなり少なかった。

この実験結果を受け，今度はドイツ語モノリンガルとドイツ語・英語のバイリンガルの相づち行動を比較し，第2言語習得後の変容を探る実験を行った。実験の参加者は，英語とドイツ語がほぼ同程度に使用できるアメリカ在住の5名のバイリンガルと，彼らと電話で会話するドイツ在住のドイツ語モノリンガル5名，合計5組の10名である。最初の実験同様に25分間の電話でのドイツ語による会話録音が分析対象となった。実験の結果，すべての組のバイリンガルは対話相手のモノリンガルより相づちの使用頻度は顕著に高く，グループ総数でもバイリンガルの使用頻度はモノリンガルの2.1倍であった。また，相手の発話中に打

つ相づちの頻度も，バイリンガルはモノリンガルの 3.2 倍で両群に大きな差が見られた。相づち行動の頻度が高い言語に触れることによって，本来はあまり相づちを打たない言語での相づち使用に変容が生じたものと考えられ，第 2 言語習得は語用レベルでも母語使用に影響を与える可能性を示したものと言える。

また，クラウゼ・オノ (Krause-Ono (2004)) は，上で紹介したハインツの研究 (Heinz (2003)) などをベースとして，ドイツ語と日本語のモノリンガルとバイリンガルの相づち行動について調査している。ドイツ語では日本語よりも相づちを打つことは少なく，日本語での対話では頻繁に相づちを打つ。そこで，クラウゼ・オノは，ドイツと日本に在住の日本語とドイツ語の第 2 言語ユーザを対象に，それぞれの母語での相づち行動に注目した。まず，母語話者の統制群（日本語話者 5 名とドイツ語話者 4 名）で各言語での相づち行動の相違について確認後に，ドイツ語と日本語のモノリンガル，それぞれ 1 名，日本語・ドイツ語のバイリンガル (J1G2-B) とドイツ語・日本語のバイリンガル (G1J2-B) を参加者として調査を行った。クラウゼ・オノが立てた主な仮説は以下の通りである。

（仮説 1：L2 → L1 ［○転移有］）
G1J2-B は，第 2 言語である日本語の相づち行動を母語のドイツ語に転移させる。
（仮説 2：L2 → L1 ［×転移無］）
J1G2-B は，第 2 言語であるドイツ語の相づち行動を母語の日本語には転移させない。

ハインツの研究で明らかになったように，相づち行動の少ない言語（ドイツ語）を母語とする話者は，多い言語（日本語）の学習

の結果，母語の言語使用でも相づちを多用するようになると予想した。しかし，多い言語（日本語）を母語とする話者は，少ない言語（ドイツ語）の学習によって母語の言語使用が影響を受けることはない，という二つの仮説を立てたものである。この研究で注目すべき点は，「少」は「多」に影響を受けるが，「多」は「少」に影響を受けることはないという仮説である。マルチコンピテンスの視点から考えると，複数の言語が脳内で相互に作用し合っているとすれば，「多」が「少」に影響を与えることも十分に予想できる。

　この実験では，参加者が20〜25分間対面で会話をしている様子をビデオ録画して，相づち行動を分析した。ハインツの研究と異なるのは，この実験では相づち行動にはノン・バーバルの頷き（nodding）や微笑み（smile）なども含まれていることである。録画データを分析したところ，以下のような結果が得られた。まず，G1J2-B は，ドイツ語で話しているとき，ドイツ語モノリンガルよりも，ほぼ2倍以上の頻度で相づち行動をとっていたことが分かった。頷き行動や相手の発話に重ねて打つ相づち行動にいたっては，それぞれ4倍程度であった。したがって，相づち「多」第2言語から相づち「少」母語への影響が確認され，仮説1は支持されたことになる。

　ただし，興味深いのは，使用の頻度だけを見れば，この参加者は第2言語である日本語話者により近い相づち行動をとっていることになるが，相づち行動の機能面を見てみると，母語であるドイツ語の相づち行動の特徴が残っていることが分かった。つまり，相手の会話に重ねて打つ相づち行動の場合，確かに使用頻度は4倍高くなっていたが，会話の文脈から判断すれば，相づちは対話相手と調和を保つために打つという日本語的な行動ではな

く，むしろドイツ語に特徴的な，相手の話に真に同意していることを伝える機能を持っていたのである。

　次に，J1G2-B の相づち行動はどうかと言えば，日本語のモノリンガルとさほどかわらない結果となった。つまり，相づち「多」言語が母語で相づち「少」言語が第2言語の場合は，母語の相づち行動には第2言語の影響がないという結果であり，仮説2も支持されたものと考えられる。しかし，クラウゼ・オノは直接触れてはいないが，分析データを詳細に検討してみると，相手の発話に重ねて打つ相づちの数だけをみると，J1G2-B はモノリンガルと比べると3分の1程度しか使用していないことがわかる。つまり，第2言語であるドイツ語の相づち行動の特性が母語である日本語の相づち行動に影響を与えている可能性を示しているのである。大変興味深い結果である。

　この研究の参加者が，それぞれ1名ということもあり，個人差の要因が内在している可能性は排除できないため，一概に結論づけることはできないが，以下のようにまとめることができるだろう。

1) 相づち行動の頻度が低い言語を母語とする話者が高い言語を第2言語として学習する場合，第2言語の影響を受けて母語での使用頻度は高くなる。ただし，相づちの機能については母語の特性は維持される。
2) 相づち行動の頻度が高い言語を母語とする話者が低い言語を第2言語として学習する場合，第2言語の影響は概ね見られない。ただし，相手の発話に重ねて打つ相づちは第2言語の影響を受けて母語での使用頻度は低くなる。

これらの結果は、マルチコンピテンスの考え方である、複数の言語を知る者の言語能力はモノリンガルのそれとは異なり、言語の交差影響と第2言語ユーザのユニークさをもつ、ということを裏付けるものである。

さて、対話者の依頼や勧誘に対して、どのように応じ、受け入れたり断ったりするかは社会的にも語用的にも重要な言語能力の一部である。しかしこの分野においても言語や文化によって違いがある。セノス (Cenoz (2003)) は、英語に堪能なスペイン語話者の中には一般のスペイン語母語話者に比べると人に物事を依頼する際、'por favor' ('please') や 'podría' ('Could you?') などを多用する傾向にあると言われていることに着目して、スペイン語・英語バイリンガルの語用についての実証実験を行っている。

参加者は69名の大学生で、内49名は英語専攻で英語力がかなり高く、残りの20名は心理学専攻で英語力は非常に低い。前者には英語とスペイン語の両言語の依頼に関する語用について、後者にはスペイン語の依頼に関する語用についてのみ調査を行った。調査では、参加者にある状況、たとえば「教師が生徒に図書館からある本を取ってくるように依頼する」という状況が与えられ、「あなたが教師なら生徒に何と言いますか」などと問う談話完成テスト (DCT: Discourse Completion Test) が使われた。どの程度の頻度で現れるかを注目した表現は、呼びかけ語 (John / eh / you など)、依頼の方略的語句 (I would like to … / How about …? などの間接的な表現)、依頼の強さを緩和するための統語レベルでの対応表現 (Can I? / I wanted to. などの疑問文や過去時制、条件節などの使用)、依頼の強さを緩和するための語彙・句レベルでの対応表現 (please / I'm afraid / will you)、依頼を緩和するために補助的な役割をする表現 (I'd like to ask you …）の5種類である。

　調査の結果，英語力が高い大学生は，母語であるスペイン語で調査した場合も第2言語である英語で調査した場合も，上記5種類の表現の出現頻度に大差は見られなかった。この結果だけを見れば，英語力の高いスペイン語話者はスペイン語モノリンガルに比べるとスペイン語で人に物事を依頼する際，'por favor'（'please'）や'podría'（'Could you?'）などを多用する傾向にあるという先ほどの印象は支持されないことになる。しかし，英語力に差のある二つのグループ間の依頼表現に見られる違いを比較したところ，英語力が高いグループは低いグループより，対話相手のファーストネイムを使う（英語例：Hey, Mike, would you lend me your lecture notes?）頻度が高く，直接的な表現（英語例：Move your car, madam. Parking is not allowed here.）を使用する頻度は低く，より間接的な表現（英語例：Would you mind moving on, madam? Parking is not allowed here.）を多用する傾向にあった。

　これらの傾向は英語で行った場合とスペイン語で行った場合の頻度には差はなかった。この研究結果は，第2言語の学習は母語の語用に影響を与え，さらに，第2言語の学習で得た語用に関する言語能力は第2言語ユーザの脳の中で一つのシステムとして母語にも第2言語にも作用していることを示している，とセノスは結論づけている。

　また，日本語話者と中国語話者では，誘いを断る時に異なる言い方をするようである。中国語話者は日本語話者と比較すると，「行けない」と言う結論や，「考えておきます」という保留，相手への呼びかけをより頻繁に使うのに対し，日本語話者は「行きたいのですが」というためらいの表現を多く使う。鈴木（2013）は，

このような中国語と日本語の語用レベルの違いに着目し，第2言語の逆行転移，つまり第2言語が母語に与える影響について調査している。

参加者は，中国在住の日本語ユーザ群（日本語学習歴4年11ヶ月 Japanese as a foreign language (JFL)）20名，日本での滞在期間が異なる，中国語を母語とする日本語ユーザ（1年以下群 Japanese as a second language (JSL-1) と3年以上群（JSL-2)）各20名である。統制群として，それぞれの母語話者群（日本語学習経験のない中国語母語話者 Chinese native speaker (CC)，中国語学習経験のない日本語母語話者 Japanese native speaker (JJ)），各20名ずつが参加した。参加者には，以下のような談話完成テスト（DCT）が与えられた。

> 親しい友達に，今日一緒に夕飯を食べに行こうと誘われました。しかし今日あなたには，どうしても休めないバイトがあります。
> 友　達：一緒にご飯食べに行かない。
> あなた：＿＿＿＿＿＿＿＿＿＿＿＿＿＿＿＿＿＿＿＿＿＿。

調査紙では，勧誘・依頼と対話相手との親疎関係（親しい友達，親しくない友達）と上下関係（先生，同級生）を組み合わせた8場面を設定している。内容が同一の日本語版と中国版を用意し，CCグループは中国語版のみを，JJグループには日本語版のみを，JFL，JSL-1およびJSL-2には，まず日本語で回答させ，1週間後に中国語版でも回答させた。その後，断りストラテジーの言語間の違いについての参加者の認識を問うため，自由記述式でのアンケート調査を行った。

調査の結果，まず，JFLとJSL-1，JSL-2について，日本語と

中国語での断りのストラテジーを比較した。JSL-2では日本語と中国語に違いが見られず，かつ，JSL-2の中国語がCCの回答と異なっていたことから，日本長期在住の中国語母語話者の中国語は，第2言語である日本語の影響を受けていることが認められた。つまり，日本での滞在期間が長くなると，母語である中国語が日本語の影響を受け，日本語と中国語で同じような言語使用をしている可能性を示したものである。このことは，事後に行ったアンケート調査の結果からも明らかである。すなわち，他のグループよりも，両言語での断りストラテジーは同じであると回答した者は，すべての場面においてJFLやJSL-1グループに比べ，JSL-2グループに圧倒的に多かったのである。

　また，中国語母語話者が英語を第2言語として学習する場合の依頼表現についての研究もある。スウ（Su (2010)）は，中国語を母語とし，英語力の異なる2グループ（上級グループと中級グループ）各30名と，統制群として英語と中国語の各母語話者を参加者として，親疎関係・上下関係を変数に9場面を設定して，談話完成テスト（DCT）によってデータを収集した。調査は英語と中国語の両言語で行った。その結果，バイリンガルは英語の能力にかかわらず両群とも，英語使用の場合では，英語の母語話者と比べると間接的な依頼表現（Could you clean up the kitchen?など）や，より丁寧な依頼表現の使用頻度が低かった。逆に中国語使用の場合では中国語の母語話者よりも間接的な依頼表現の使用頻度が高いことが分かった。この結果は，第2言語の使用時には母語の影響を受け，母語の使用時には第2言語の影響が受けるという，非常に興味深い交差影響の例である。

　スウ（Su (2012)）は上記の実験と同じ参加者を用いて，謝罪表現（apology）の使用についての調査も行っている。同じく談話

完成テスト（DCT）を使ってデータを収集した。誰かに何かを謝罪をする場合，中国語話者は相手との社会的地位（上位，同等，下位）の違いによって言い方を変えることがよくあるが，英語話者は表現方法をほとんど変えない（Su (2012)）。たとえば謝罪表現には以下のようなバリエーションがある。

1) 直接の謝罪（Direct apology）：ごめんなさい。(I'm sorry.)
2) 責任の受容（Taking on responsibility）：すべて私の責任です。(It's all my fault.)
3) 説明（Explanation）：思いがけない電話があって時間を忘れていました。(I got an unexpected phone call and lost track of time.)
4) 修繕の申し出（Offer of repair）：本はできるだけ早くもどしますので。(I'll return the book as soon as possible.)
5) 言葉による償い（Verbal redress）：だいじょうぶですか。火傷はしませんでしたか。(Are you OK? Did you get burned?)

調査の結果，英語での謝罪の場合，中級レベルの中国語・英語バイリンガルは統制群の英語母語話者よりも社会的地位によって表現を変える傾向が強く，上級レベルのバイリンガルにはそのような傾向は見られなかった。また中国語での謝罪の場合，中級グループは統制群の中国語母語話者とほぼ同じ謝罪ストラテジーを示した。つまり，社会的地位により表現を変え，また上で示した表現内容にも差はなかった。一方，上級グループのみが相手の社会的地位によって謝罪表現を変える傾向はなく，両群と比べる

と，謝罪表現の中でも特に3)「説明」(explanation) を顕著に多用する傾向にあり，統計的にも有意差が見られた。これらの結果は，第2言語能力がさほど高くないバイリンガルは，対話相手の社会的地位によって表現を変えるという母語（中国語）の謝罪ストラテジーを第2言語に転移させ (L1 → L2)，一方，英語能力が高くなれば，第2言語で身につけたストラテジー，つまり対話者の社会的地位に左右されずに謝罪表現を選択するというストラテジーを母語に転移させている (L2 → L1) ことを示している。このように，語用領域の謝罪表現についても言語間の影響が交差していることがわかる。

2.6. 談話レベル（ライティング・スキル）

第1章1.3節の「第2言語ユーザの母語」で簡単に触れたが，外国語環境において第2言語を学習する英語ユーザのライティング・スキルの変容について，少し詳しく見てみることにする。ケチケスとパップ (Kecskes and Papp (2000)) は，ハンガリー語を母語とする第2言語ユーザのライティング・スキルなど，語彙や統語を超えたレベルでの第2言語から母語への転移(L2 → L1)について報告している。彼らの研究の重要なポイントは2点ある。まず，わが国の英語教育の状況と同じように，日常的に第2言語に触れる機会は少なく，主として教室での第2言語教授を通して第2言語を学ぶ，いわゆる外国語環境での第2言語学習の場合にも，第2言語は母語使用に影響を与えるかを検討した点である。第2は，2年間という長期にわたり参加者の言語使用について調査した縦断的研究である点である。参加者は14歳から16歳までの高校生，総計104名である。ハンガリーでは，高

校入学前には少なくとも4年間ロシア語を学んでいるため，高校で外国語として学ぶ英語とフランス語は厳密に言えば第3言語となる。

参加者は，三つのクラスに属する3グループからなる。それぞれのグループ属性は以下の通りである。

1) イマージョンクラス（36名）：数学と生物，科学の授業を外国語で受ける。
2) 外国語特別クラス（35名）：英語かロシア語のいずれかの授業を週7～8時間受ける。全教科の授業はハンガリー語で行われ，外国語は教授言語ではない。
3) 統制クラス（33名）：英語かロシア語のいずれかの授業を週2～3時間受ける。全教科の授業はハンガリー語で行われ，外国語は教授言語ではない。

参加者には，2年の間に3回の母語による自由作文課題が与えられた。研究開始直後と9ヶ月後とその1年後の3回である。作文は，どの程度複雑な構文を使用しているか，特にどのようなタイプの従属節をどの程度の頻度で使用しているか，によって評価された。

調査の結果，外国語に触れる機会が少ない統制クラスの生徒と，イマージョンクラスと外国語特別クラスの生徒とを比べると，後者の2クラスの生徒のほうが母語での作文において，より複雑で創造的な文章を書くようになっていた。特にイマージョンクラスの生徒は，母語で授業を受けることが少ないにもかかわらず，母語使用の高さが他のグループに抜きん出ていたことは大変興味深い結果である。少なくとも当時のハンガリーでは，高校段階においてハンガリー語での作文指導はほとんど行われていな

かったこと，母語のライティング・スキルを伸ばす他の要因はなかったこと，この2点を考えれば，第2言語の学習が母語の運用に影響を与えたことは確かである，とケチケスとパップは結論づけている。

　また，まとまった文章を書く場合の文章構成力の変容を調査した研究もある。私たちが英語でレポートを書いたり，論文を書いたりするのはそう簡単なことではない。語彙力や文法力の弱さに問題を求めることはできるが，文章構成において日本語と英語とでは求められる構成方法に違いがあり，それが大きな問題となることは少なくない。

　たとえば，日本語では，しばしば「起承転結」と言われるように導入部があり，それに対する考えを述べるが，「転」の部分で異なる考え等を異なる視点から述べることによって文章に深みを加える，というような技巧を用いる。そして，最後に結論がくるが，自分の意見を明確にしないままに終わってしまうことも多々ある。また，感情に訴えるように余韻を残すような終わり方が良しとされる。それに比べると英語のエッセイはまっすぐな展開をする。まず自分の立場や意見を明確に述べた上で，それを支持する例を挙げ結論へとつなげる。このような文化による思考パターンの違いは，カプラン（Kaplan（1966））によって図式化された図（図2.4）が有名である。

　このような英語文章構成の特徴を日本語話者に教えたとしたら，日本語での文章構成にどのような変化が見られるかを調査した研究がある。大井（2008）は日本語を母語とする中学生29名を参加者として，一学期間，論理性を意識した英作文指導を行い，学期末に日本語で作文を書かせ，振り返り（アンケート）により作文時の生徒の意識を調査した。調査項目は，以下の6点

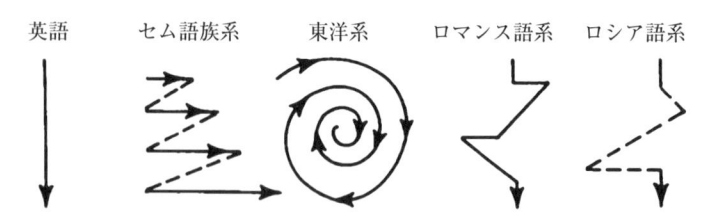

```
英語      セム語族系    東洋系    ロマンス語系   ロシア語系
```

図 2.4 文化による思考パターンの違い（Kaplan (1966: 15) の図にもとづく）

であった。（　）内の数字は，「はい・まあまあ」と肯定的に回答した生徒の割合を示している。

1) 意見を決めてから書いた (93.1%)
2) 文章の組み立てを考えてから書いた (89.7%)
3) 読む人に分かりやすく書けた (79.3%)
4) 説明・具体例などを書けた (86.2%)
5) 論理的な文章構成を意識して書けた (86.2%)
6) これから論理的な文章構成を意識しようと思う (86.2%)

調査の結果，上で示した数字から明らかなように，すべての項目について肯定的に回答した生徒が多かった。詳しく見ると，まず書き出す前の段階で，自分の考えをまとめている生徒が大多数であった。また，説得力のある文章を書くことを意識して，分かりやすく人が納得しやすい文章を書こうとしている生徒がほとんどであった。さらに，英語の授業では，英語のパラグラフ・ライティングにもとづく論理的な文章構成を学んだが，日本語の文章でもそれを応用しようとしている意識も見られた。この大井 (2008) の報告では，事前テスト・事後テストというように，日本語の作文自体を比較分析して変容を確認したものではなく，あ

くまでも指導を受けた後の生徒の意識を調査したものである。今後，日本語を母語とする第2言語ユーザの日本語での作文自体を分析して，その文章構成の変容を探る研究を期待したい。

　以上，本章では，第2言語ユーザの第2言語が母語に与える影響を，音韻，語彙，統語，語用，そして談話のレベルについて，それぞれ例を挙げながら見てきた。第2言語ユーザの第2言語は，当然その母語話者の言語とは異なる特性をもつことは無論のこと，第2言語ユーザの母語自体も第2言語の影響を受けて変わってくることが明らかになった。つまり，第2言語ユーザ，あるいは第3言語ユーザは，母語以外の言語を知ることで，どの母語話者とも異なるユニークな存在になる，ということになるわけである。次章では，第2言語ユーザの「こころ」について検討していく。

第 3 章

第 2 言語ユーザの「心」

本章では，第2言語を学ぶことによって，第2言語ユーザの「心」に変容が見られるのか，そして，変容が見られるとすれば言語のどの部分が「心」のどのような側面に作用するのかを実証研究の結果を通して見ていくことにする。

ここで言う「心」というのは，英語では 'mind'，すなわち「思考」や「認知」，あるいは「ものの見方」「世界観」のことを指している。第1章1.8節の「第2言語ユーザの心」でも触れたが，「思考」といっても「知覚」「注意」「分類」「学習」「推測」「記憶」「判断」「推論」など，さまざまな活動が考えられる。つまり，ことばを用いて論理的な思考を展開するような思索的な活動だけではなく，日常生活における気づきや物事の捉え方，無意識的な判断など，広い意味での心理的な活動をも意味している。本書では「心」をこのような意味で使用していく。

3.1. サピア・ウォーフの仮説

第1章1.7節で述べたように，「サピア・ウォーフの仮説（Sapir-Whorf Hypothesis）」を検証するために行われた実証実験の成果によって，確かに「ことば」が「思考」に影響を与えていることが近年明らかになってきている。そのため，サピア・ウォーフの仮説は，もはや「仮説」ではないと言ってもよいかもしれない。現在では，ことばのどのような特性が，思考のどの領域に，どのような形で影響を与えているのか，というように，かなり具体的な課題を設定する段階へと研究の視点はシフトしてきている。

ウォーフ (Whorf (1956)) は，私たちが見る世界は「万華鏡のように」広がっており，私たちは話す言語に導かれて世界を切り分けていると述べている。しかし，私たちの前に広がる日常は決して万華鏡のように絶えず変化する，境界線のはっきりしない広がりではない。机は机，本は本，とはっきり切り分けられているので，世界が言語によって異なるというのはいったいどういうことだろうか。

具体例をいくつかあげてみよう。たとえば，英語の 'leg' は必ずしも日本語の「あし」とは一致しない。漢字で「脚」と「足」を区別することはあるが，音で「あし」と言う場合，それには英語で言うところの 'leg' と 'foot' が含まれるのが通常である。動作はどうだろうか。

1) I gave it to him.
2) He gave it to me.

1) の 'gave' は日本語では「あげた」とするのが一般的であるが，2) となると，この 'gave' に相当する日本語は「くれた」であろう。つまり，下表が示すように，英語の 'give' という動詞は，1語で双方向（⇄）の動作を表現し得るが，日本語では方向によって別の表現を用いるのである。

英語	Give(⇄)	
日本語	あげる (→)	くれる (←)

このように，英語と日本語では，身体の「あし」の切り分け方や動作の切り分け方が異なるのである。

このような違いはさほど大きな問題ではないと思うかもしれないが，時にはミスコミュニケーションが生じることもある。たとえば，「レンタカーはホテルに届けます。色はオレンジ色です。」と伝えられてホテルのロビーで待っていたが，待てど暮らせどオレンジ色の車は現れない。そこでホテルの係員に訪ねてみると，「レンタカーは届いていますよ。あれです。」と指差した車は茶色であった。この問題は，英語の「オレンジ色」は日本人にとっては茶色に相当する部分も含むため，日本人にとって「茶色」であるその車に気がつかなかったという逸話である（鈴木 (1990)）。日本語と英語では色の切り取り方が違うのである。

　また英語では，馬は，'mare'（雌馬），'stallion'（種馬），'colt'（雄の子馬），'filly'（若い雌馬）などと細かく分類される。牛も 'cow' だけでなく，'bull'（去勢しない雄牛），'ox'（去勢した雄牛），'calf'（子牛），'steer'（食用の去勢された雄），'bullock'（去勢された雄の荷役用の牛），'heifer'（子を産んでいない若い雌牛），'cattle'（集合的に家畜としての牛），などの語彙があって憶えるのが大変である。というより，これだけ分類する必要があるのか，とさえ思ってしまう。しかし日本語にも同じような例は見られる。たとえば魚の分類は非常に細かい。「ブリ」は出世魚で，小さい時には「ワカナ・ワカシ」とか「ハマチ」と呼ばれ，ある大きさになってやっと「ブリ」と呼ばれる。地方によってはもっと多くの呼び名があるようである。「スズキ」も小さい時には「セイゴ」と呼ばれ，「このくらいのスズキが釣れた」と言って自慢すると，「なんだ，セイゴじゃないか」と笑われてしまって，頭を掻いたという話もある。

　このようにモノによって細かく分類することは，第 2 言語ユーザ泣かせではあるが，モノの区別，あるいはモノの切り分け方を

学ぶことは，ある意味では，ことばを獲得していく上で重要なことである。子どもが，四つ足の小動物であればすべて「ワンワン（犬のこと）」と言うのは，実に微笑ましい光景である。犬をみても，猫をみても「ワンワン」と言っていたのが，やがて猫を見ると「ニャンニャン（猫のこと）」と言うようになれば，その子は犬と猫の区別ができるようになった，という証である。こうして見ると，人はことばによって導かれながら世界の切りとり方を学ぶ，というウォーフの言説もより理解できる。

　ウォーフはさらに「言語体系，すなわち文法」によって，われわれの概念は形成される，とも言っている。文法的にいえば，英語では名詞の可算・不可算（'cats'と'water'など）の区別をするが日本語はしない。また，ドイツ語のように名詞を女性名詞・男性名詞・中性名詞に区別する言語もある。さらに，英語には動詞の過去形，過去分詞形があり，日本語の動詞の活用はもっと複雑である。では，このような文法規則のどこが私たちの思考や認知に影響を及ぼすのだろうか。

　第1章1.8節でルーシーとレヴィンソンの実験を簡単に触れたが，彼らの実験，つまり，名詞の数に関する実験と，右と左などの方向を示す実験は「サピア・ウォーフの仮説」の行方を明確にしたランドマーク的な実験といえる。マルチコンピテンスの検証実験を見る前に，この二つの実験の遥か前，まだ「サピア・ウォーフの仮説」が渾沌としていた1900年代後半に行われた検証実験をいくつか見ておきたい。その歴史を概観することで，第2言語ユーザの「心」に関する実験がどのように発展していき，マルチコンピテンスにどのようにつながったかをより理解しやすくなると思うからである。

3.2. 少数民族のことばと認知

まず，キャロルとカサグランデ（Carroll and Casagrande (1958)）は，当時としては画期的な方法で動詞形がモノの分類に与える影響を観察している。少し詳しく見てみよう。キャロルらは，北米先住民族のナヴァホ語（Navaho）では，目的語の性質によって動詞が複雑に変化することを見出した。英語にはそのような変化はない。そこで，ナヴァホ語話者は英語話者よりも物の形により多くの注意を払うのではないか，という仮説を立てたのである。参加者にはナヴァホ語が優勢なナヴァホ語と英語のバイリンガル，英語が優勢なナヴァホ語と英語のバイリンガルを選んだ。

実験では，まず二つの異なる形状をした二つのモノ，たとえば「黄色いロープ」と「青い棒」を見せ，次にこの二つのモノの特徴を同時に持つ「青いロープ」を見せた。参加者には3番目のモノを，どちらのグループに属するかを判断させるタスクが与えられた。実験の結果，ナヴァホ語が優勢なバイリンガルの70%が「黄色いロープ」を選択し，英語が優勢なバイリンガルは40%しか「黄色いロープ」を選択しなかった。つまり，ナヴァホ語が優勢なバイリンガルは，色よりも形のほうを優先してモノを分類したとすることができ，仮説は支持される結果となった。

ところが，英語のモノリンガルを参加者として行われた実験では，80%の参加者が「黄色いロープ」を選択したのである。この結果は，先ほどのキャロルらの仮説に反するものである。そこで，この矛盾する結果となった要因を探ったところ，この実験の参加者の生活環境があまりにも上記の参加者とは異なっていることが判明した。物質的にも豊かで比較的富裕層が住むボストン地区の人たちであったことが，このような予期せぬ結果を引き出す

要因となったのではないかと考えられた。そこで，英語話者の生活環境を考慮に入れた上で参加者を選び，再度同様の実験を行ったところ，英語話者はナヴァホ語話者ほど形を優先した分類はしないという結果が得られたのである (Fishman (1960))。

このように，実験参加者の生活環境が大きく異なる場合の実験の難しさを露呈してしまったが，最終的には目的語の特徴によって動詞を選択する言語の話者は，そうでない言語の話者よりもモノの形に注目する，というサピア・ウォーフの仮説を支持する結果が得られたのである。

3.3. 色に関する語彙と色の認識

色はもともと切れ目のない連続帯であるが，言語によって色の名前の数（切り分け方）に違いがある。したがって，「色」という現実（リアリティー）をことばがどのように切り分け，その切り分け方が現実である色の認識（認知）に影響を与える可能性があるのである。色の認識は比較的調査しやすい分野なので，これまで数多くの実験が行われてきた。たとえば，北米少数民族のズーニー語 (Zuni) には英語の 'yellow' と 'orange' に相当する語彙が一つしかない。そのため，どの色を見たかを思い出してもらう課題を与えると，英語話者はほとんど間違うことのないこの二つの色をズーニー語話者は混同してしまうという (Lenneberg and Roberts (1956))。また，ナヴァホ語には英語の 'blue, green, purple' の三つの色にあたる語彙が一つしかない。英語のモノリンガル，ナヴァホ語のモノリンガル，ナヴァホ語と英語のバイリンガルを参加者とした実験では，バイリンガルの参加者は 'yellow' を 'green' と混同する頻度が他の参加者グループに比べて有意に

高かったという。新しい色の名前を第2言語としての英語で学んだために，バイリンガルは色の切り取り方を再構築しなければならず，そのために色の名前を混同してしまったのだろう，とアーヴィン（Ervin (1961)）は言語の影響を認めたのである。

このように，ことばが色の記憶や認識に影響を与えるとした研究はあったが，一方で，ハイダー（Heider (1972)）は色の名称はなくても英語話者と同様に色を知覚するダニ語（Dani）話者の例を紹介して，色の認識は人類に普遍的な能力であると主張した。ダニ語はパプアニューギニアで話される言語で，色を表す語彙は基本的に「暗い色」と「明るい色」の2色しかない。では二つの色しか認識できなければ，生理学的な能力にも限界があるのではないだろうか。

しかし，結果は予想に反して，ダニ語話者と英語話者は両者とも8つの色に対して，最も彩度の高い色を焦点色である，つまり最も典型的な色であると選択したのである。さらに，色の名前の付けやすさ，色の記憶の正確さ，その反応速度についても両方の言語話者は同様の反応を示した。この研究結果は完全に，サピア・ウォーフ仮説に反駁するものであった。実際は，色の記憶の正確さという点で，英語話者の方がはるかに正確に記憶していたのだが，両者に共通な部分にばかり焦点があてられて，両者の違いにはほとんど言及されなかった。

このハイダーの研究では，色彩語を二つしかもたない言語の話者が多くの色の名称を持つ英語話者と似通った反応を示したことから，色の知覚には言語の切り取り方とは関係なく，普遍性がある可能性が示されたことになる。この研究結果が，サピア・ウォーフ仮説を一時的に下火にさせる決定的なきっかけとなったのである。

しかしながら，それでもなお言語と色の認識に関する実験は続けられた (Kay and Kempton (1984))。メキシコ北部で話されるタラフマラ語 (Tarahumara) には，下表のように 'green' と 'blue' を指す語が 'siyóname' 一つしかない。

英語	green	blue
タラフマラ語	siyóname	

そこで，「青」「青みがかった緑」「緑」の3色を見せられると，英語話者は「青」と「青みがかった緑」を異なる色として区別する度合いがタラフマラ語話者よりも高かったのである。

「青」　　「青みがかった緑」　　「緑」

つまり，「青」と「緑」という色の名前の存在が，このような結果を導いたのであろうという結論に至ったのである。やはり色の名前は色の識別を左右している可能性が高いことを示した事例である。

このように，色を使った実験はたくさん行われたが，たかが色の名前の違いが色の識別に影響を与えるからといって，それで言語が人のものの見方に影響を与えているといえるのか，と訝しく思う人もいるかもしれない。しかし，色の呼び名という語彙レベルの小さな違いが色の識別に影響を与えるのであれば，統語レベルなど，より高い言語レベルにおいて異言語間に大きな違いがあるとすれば，それが認知の違いを引き起こす可能性は十分に考えられる。

日本語と英語にはさまざまな言語レベルにおいて違いがある。日本語話者が英語を第2言語として勉強し始めるとすぐに遭遇するのが，名詞の単数形・複数形，a/the の冠詞，SVO の語順である。そして，現在完了形，仮定法などは日本語には馴染みのない文法形式であるため理解するのに苦労する。さらに，「お世話になっています」「よろしくお願いします」などの日本語は，英語でどういうのだろうと苦慮したりもする。'I think he didn't come.' ではなくて，'I don't think he came.' と言うのが一般的，などと教えられたりもする。これだけ異なる言語を話しているのであれば，考え方も違うのではないかと思うのも当然であろう。ただ，それを実証するのはそう簡単ではない。次に紹介する一連の実験研究は，サピア・ウォーフの仮説が下火になった1980年代に行われたにもかかわらず，色の実験とは全く異なる分野を扱ったものであるため，再び言語と思考の関係に人々の関心を引き寄せるきっかけとなった。

3.4. 文法構造（仮定節）と思考

アメリカの心理学者であり，言語学者でもあるブルーム (Bloom (1981)) は，アメリカ人と中国人の思考に違いがあることに気づいた。政治的な問題に関するアンケートで，たとえば「もし香港政府が … であれば，あなたはどうしますか」というような質問をされると，中国人は「でも香港政府はそのような決定をしていない」とか「そのようなことは起こらないだろう」などと回答したのである。このような回答はアメリカ人には見られなかった。

中国語では，事実に反することを仮定する文法標識は英語のように明確ではない。そこでブルームは，この中国語の文法特性が

先ほどのようなアンケート結果に現れる要因となり、「もし ... ならば」という仮定の捉え方に何らかの影響を与えているのではないかと考えた。そこで、このことを確認するため実証実験を行った。実験の結果、やはり中国語話者のほうが、英語話者よりも事実に反する仮定の理解が正確ではないとしたのである (Bloom (1981))。

しかしその後、このブルームの実験に対して多くの疑問が寄せられ、大きな議論が巻き起こった。実験に使われた中国語の慣用表現は実験には不適切である (Au (1983))、参加者の英語使用環境や実験に使われた刺激文の内容の日常性に問題がある (Liu (1985))、数学的な知識を必要とする偏った内容である (Takano (1989))、などと実験の不備が指摘され、それぞれ改良を加えた追実験が行われた。その結果、中国語話者と英語話者には仮定された事柄の理解に差はないという結果が次々と報告されたのである。

その後もこの種の追実験が行われたが、結果はさまざまである。やはり中国語話者は事実に反する事柄を理解するのは不得意であるという実験結果が示された研究 (Yeh and Gentner (2005)) もあれば、いや、やはり仮定の事柄の理解に言語的な影響はないと結論づけた研究もある (Feng and Yi (2006))。実験で使われる文章や参加者、タスクの統制などの変数によって、結果は微妙に揺れを見せるようである。

このような実証実験結果の揺れは、ことばと思考の関係を立証するのがいかに難しいかをよく物語っている。確かに、このような実験と「切れ目のない連続帯である色」の実験を比較すると、ことばによって世界の切り取り方が異なることを検証するのに、色の実験のほうがはるかに客観性を保って実験を行うことができ

る。そのため，ことばと思考の関係を検証するのに色を使った実験が数多く行われ，マルチコンピテンスの検証実験でも多く採用されるのである。

3.5. マルチコンピテンスを検証する実証実験

　それでは以下に，第2言語が第2言語ユーザの思考・認知に影響を与えることを示し，マルチコンピテンスを支持する色の実験を紹介して行くことにする。ただし，読み進める際に念頭において頂きたいのは，異言語話者間に見られるこのような認知の違いは，それほど劇的なものではない，ということである。ことばが思考・認識に及ぼす影響というのは，異言語話者の間で通常のコミュニケーションができなくなるとか，互いに理解できなくなるような重大な結果を生み出すようなものではない。「オレンジ色」の車を待っていたら，来たのは「茶色」の車だったというような混乱は確かに起こる。しかし，中国語では英語のように明確な仮定法がないからといって，「もし … ならば」という事実に反する仮定を理解できないことはないし，それを表現する方法が全くないわけでもない。中国語でも仮定の意味は伝わるのである。また，日本語では英語とは異なり，通常名詞の複数形を使わないからといって，数の概念が英語話者と比較すると全く異なるというわけではない。ことばや文化を越えた共通性，普遍性ももちろんある。そうでなければ，外国語を習得するのは不可能になってしまうし，翻訳も困難を極めてしまう。ここで述べる異言語間の認知の差というのは，個人個人のレベルではそれほど大きなものではないが，他の要因を統制した上で，ある変数（ことばの特性の差）のみが異なる二つの集団を比較すると，統計的に有意であ

3.5.1. 色の認識に関する実験

　前のセクションでは，レネバーグとロバーツによる英語話者とズーニー語話者を対象とした実験 (Lenneberg and Roberts (1956))，アーヴィンによる英語話者とナヴァホ語話者を比較した実験 (Ervin (1961))，ケイとケンプトンによる英語話者とタラフマラ語を比較した実験 (Kay and Kempton (1984)) を紹介し，色の切り取り方が異なる言語間では，それぞれの言語話者の色の認識が異なるという実験結果があることを見た。では，マルチコンピテンスの観点から色の認識を見るとどうなるのだろうか。また，認識が異なる，とはどういうことなのだろうか。バイリンガルはモノリンガルと異なる認識を示すのだろうか。また，異なるとすれば，どのように異なるのだろうか。

　まず，マルチコンピテンスという理論的枠組みが発表される以前に行われた研究ではあるが，第2言語ユーザの認知を扱った研究として重要であるため，キャスケイ・サーモンズとヒッカーソン (Caskey-Sirmons and Hickerson (1977)) の色に関するバイリンガルのことばと認識を調査した研究を見てみよう。彼らは，韓国語，日本語，ヒンディー語，広東語および北京語の母語話者が第2言語として英語を習得すると，色の認知に変化が現れるかどうかを調査している。マルチコンピテンス以前のものではあるが，この研究が注目に値する点は，第2言語である英語の母語話者を基準にして第2言語ユーザを調査した研究ではなく，また，第2言語ユーザの優劣を論じたものでもなく，第2言語習得の認知への影響を客観的に見ている点である。

　参加者は，それぞれの言語を母語とするモノリンガル各5名

と，英語とのバイリンガル各 5 名の総計 50 名（韓国語モノリンガル 5 名，韓国語と英語のバイリンガル 5 名のように，各言語関連群 10 名 × 5 言語）であった。たとえば，日本語のモノリンガルは，アメリカに 1 年未満（6 ヶ月から 12 ヶ月まで）滞在したことはあるが，その間学校での英語学習はない日本人で，英語とのバイリンガルは，アメリカに 3 年から 8 年以上住んでおり学校での英語学習経験と英語を使っての社会生活経験がある日本人である。

　まず参加者は，母語における基本的な色の名前を列挙するタスクが与えられ，続いて，各自が挙げた基本色と「マンセルカラーチャート（Munsell Color Chart®）」の該当する色とをマッチさせるタスクが課された。このチャートには明度と彩度が異なる色が規則的に配列してある。モノリンガルが指す色とバイリンガルが指す色に違いがあるかを調査するのがねらいである。結果は，大変興味深いものであった。モノリンガルが指す色は，ほぼ一箇所に集約され狭い範囲に固まったが，英語を習得したバイリンガルは，ほぼすべての基本色についてカラーチャートで指示する色にばらつきを見せ広範囲にわたるという現象が観察された。つまり，五つの言語の話者すべてが英語を学ぶことによって，色の認識に変容が現れたのである。

　たとえば，日本語話者の場合を例にとると，基本色の名前として挙げたのは「桃色」「赤」「橙色」「茶」「黄」「緑」「青」「紫」「白」「黒」「灰色」で，モノリンガルとバイリンガルは全員がほぼ一致した色の名前を選んだ。しかし，挙げた基本色とカラーチャートの色をマッチさせたところ，バイリンガルは「黄」と「橙色」，「橙色と茶」，「青と紫」などの色を重ねていることが分かった。つまり，日本語と英語のバイリンガルは，それらの色の

境界線が曖昧になってグループ全体としてはより広範囲の色を選んだのである。そして、バイリンガルは全体的により明るい色を選び、それは英語のモノリンガルが選択した色に近い色であったという。

韓国語話者の場合も、モノリンガルはほぼ一致した色を選択したのに対し、英語とのバイリンガルは色の選択が多様化した。さらに、特に顕著だったのは、モノリンガルが「緑がかった青」を典型的な「青」としたのに対し、バイリンガルは紫に近い色を典型的な「青」としたことで、これはバイリンガルが英語の母語話者（モノリンガル）の「青」に近い色の認識をするようになったことを示すものである。

このように色の名前に対応する色の領域が拡散したことは、頭の中に二つの言語を併せ持った結果であり、色の認識領域が第2言語話者のそれに近づいているのは、バイリンガルの世界観が第2言語話者の世界観に近づいている証左である、と実験者たちは結論づけている。これは1977年に発表された実験研究ではあるが、明らかに第2言語ユーザのマルチコンピテンスを支持する研究結果といえる。

さて、マルチコンピテンス自体の妥当性を検証した、色に関する研究を紹介しよう。第2言語である英語が母語の日本語やギリシャ語の色の区別（認識）に影響を与えているかどうかを探った研究である。たとえば下に示すように、日本語の「青」と「水色」は英語では両方とも 'blue' である。また、日本語の「緑」と「黄緑」は一般的に別々の色として区別されるが、英語では 'green' である。これらの色の切り取り方の言語的な違いは、バイリンガルに何らかの影響を与えているのだろうか。

アサナソポーロスら（Athanasopoulos, Sasaki and Cook (2004)）

日本語	青	水色	緑	黄緑
英語	blue		green	

は，日本語母語話者を参加者として，日本語のモノリンガルと，日本語と英語のバイリンガルの二つのグループの色の認識の違いを調査した。参加者は，日本語のモノリンガル17名と日本語と英語のバイリンガル17名（Nation（1990）[1]の語彙力テストで90点満点中65点以上），総計34名であった。実験では，まず，「青・水色」「緑・黄緑」，それぞれ2組の色が提示され，「二つの色はどれくらい違うと思うか」と参加者に尋ね，その違いを5点法で判断させる実験を行った。すると，日本語と英語のバイリンガルはモノリンガルよりも，2組のそれぞれの色を区別する度合いが統計的にも有意に低くなるという結果が得られたのである。さらに，同じ参加者に「青」「水色」「緑」「黄緑」の4色について，それぞれの色が示す典型的な色をカラーチャート（Coloraid®）から選択させた。その結果，3色については両グループともほぼ同じ反応を見せたが，「水色」についてはグループ間に有意差があることが明らかになった。これらの結果をまとめると，以下の二つに集約することができる。

1) バイリンガルは，「青」と「水色」および「緑」と「黄緑」をモノリンガルよりも違う色と認識しなくなっている。
2) バイリンガルは，「水色」に対してモノリンガルとは異

---

[1] Nationの語彙力テストは，英語の能力によるグループ分けによく用いられている。このテストに関しては第4章の4.5節「マルチコンピテンスの研究方法」を参照されたい。

なる色を典型色と認識している。

つまり，日本語では「青」と「水色」というように，二つの異なる名前で区別していたのが，名前の上では区別しない英語を学習することによって，色の認識上もあまり区別しなくなったということである。また，英語には「水色」という語がないため，日本語と英語のバイリンガルにとっての「水色」は日本語のモノリンガルにとっての「水色」とは異なる色になってしまったということができる。

さらに，アサナソポーロスら（Athanasopoulos et al. (2011)）は，日本語の「青」と「水色」に関する追実験を英語のモノリンガルグループを含めて行った。参加者は日本語のモノリンガル 12 名（海外での 2 週間以上の滞在経験はなく，Nation (1990) の語彙レベルテストの平均値が 90 点満点中 49 点），英語のモノリンガル 15 名，日本語と英語のバイリンガル 27 名（Nation (1990) の語彙レベルテストの平均値が 90 点満点中 76 点で，イギリスの大学の学部生または大学院生）であった。すると，英語のモノリンガルは二つの色を違う色と認識する度合いが低く，英語を学習した日本語と英語のバイリンガルグループは，日本語のモノリンガルと英語のモノリンガルのほぼ中間に位置する反応を示した。先の実験結果が再確認されたということである。さらに，この実験では日常生活での英語使用の頻度が高くなると二つの色を区別する度合いがより低くなることも明らかにされた。これは何を意味するのだろうか。

実は，この実験では，英語モノリンガルの反応を検証することとは別に，検証すべきもう一つの疑問があった。すなわち，色の認識は本当にことばによるものなのか，という疑問である。前述

の5カ国語の母語話者に対するキャスケイたちの実験も、日本語の「青・水色」「緑・黄緑」のアサナソポーロスらによる実験も、この「青・水色」の再実験も、実験参加者はアメリカ在住者、あるいはイギリス在住者のバイリンガルである。ならば、色の認識の違いは、英語文化特有の色の使い方をする社会の中に身を置いて日常生活を送り、その色彩感覚に慣れた結果であり、必ずしもことばが影響するとは言えないのではないかと反論することもできる。ところが、同じイギリス文化圏に住んでいながら、英語の使用頻度によって反応が異なるのであれば、やはり言語の影響であると見なされよう。イギリスにいても日本語を頻繁に使う参加者は二つの色をより区別し、英語を頻繁に使う参加者は二つの色を区別しなくなるのである。これが、先の疑問「本当にことばの影響か」への答えである。

そうは言っても、ことばの影響か、文化の影響か、を明確に区別するのは難しい。英語を使えば、それだけ英語の文化に触れる機会も増え、英語の文化に触れるということは英語を使う機会がより増えるということでもある。ことばと文化が相互に作用し合って、認知の変化に影響を与えているのかもしれない。この問題は次のセクションの「モノの分類」で再度検討することにする。

ここでもう一つ、ギリシャ語の「青」と英語の「青」に関する実験を紹介しておきたい。ギリシャ語にも薄い青 'ghalazio' と濃い青 'ble' の二つの青がある。先に触れたように、英語では 'blue' の一語である。

英語	blue	
ギリシャ語	ghalazio [薄い青]	ble [青]

アサナソポーロス (Athanasopoulos (2009)) は，典型的な 'ghalazio' と 'ble' をカラーチャートの色から選択させる実験を行った。参加者は，ギリシャ語母語話者 20 名で，英語力を基準に 2 グループに分けられた。上級グループ（10 名）は，イギリスの大学で学ぶ大学生・大学院生で，Nation (1990) の語彙力テストの平均点が 90 満点中 85 点である。中級グループ（10 名）は，ギリシャ在住で英語とは異なる学問領域を学習する大学生で，Nation (1990) の語彙力テストの平均点は 64 点である。調査の結果，次の 3 点が明らかになった。

1) 中級：'ble' の典型色として 'blue' から明度と彩度ともに一つ離れた色を選択
2) 上級：'ble' の典型色として 'blue' により近い色を選択
3) 上級：'ghalazio' の典型色として英語色の範疇から遠い色を選択

1) と 2) の結果が示すのは，ギリシャ語母語話者は，英語の能力が上がるにつれて 'ble'（濃い青）がより英語の 'blue' に近くなる，つまり，第 2 言語話者の色の認識に近づいていることであり，ギリシャ語のモノリンガルとギリシャ語と英語のバイリンガルは，青という色に対する認識が異なることである。この実験でも，第 2 言語である英語の習得が第 2 言語ユーザの色の認識に影響を与えていることを示したのである。一方，3) の結果は予想に反したものである。すなわち，この結果は，第 2 言語ユーザの色の認識は必ずしも第 2 言語の語彙特性の方向にだけ傾いていかないことを示している。上級バイリンガルは 'ghalazio'（薄い青）の典型色の判断に際しても，ある意味では認識の変容を示してはいるが，それはギリシャ語話者にも英語母語話者にも見

られない反応である。このような反応は，第2言語ユーザ特有に見られる現象として大変興味深い。

ギリシャ語の「青」に関する実験には，さらに大変興味深い実験がある。これまでの色の認識に関する研究は，参加者の意識やことばにもとづく判断によるものであり，色の認識の変容というのがどれほど本質的なものかは定かでなかった。そこで，ティアリーら (Thierry et al. (2009)) は脳科学の分野で使われる事象関連脳電位 (ERP: Event-Related Potentials) という手法を用いて色の認識に関する実験を行った。この手法は，刺激に対する脳の無意識的で自動的な反応を電気的に測定する脳科学の分野で活用されるものである。

参加者は，英語母語話者20名とギリシャ語母語話者20名である。ギリシャ語母語話者はイギリスの大学で学ぶ大学生で，在英期間の平均は18ヶ月（最短5ヶ月〜最長5年）である。多くは自分の英語力を中級レベル程度と評価し，英語語彙力テストのグループ平均値は90点満点中66点（最低39点〜最高84点）であった。参加者はコンピュータ画面に短時間 (20ms) 表示される刺激を見て，四角形の刺激が表示された時のみキーボードのスペースバーを押すというタスクが与えられた。たとえば，下の例1のように，薄い青色の● (標準刺激) が4連続表示された後に濃い青色の● (誤認刺激) が1回表示され，さらに薄い緑色の●が5回，その後に●が1回，●が3回，そして濃い青色の四角い■ (目標刺激) が表示される，という刺激物が表示される。●の標準刺激は，必ず3回以上連続して表示されること，●の誤認刺激と■の目標刺激が連続して表示されないこと，などの条件で実験が行われた。例2は，「薄い青」と「青」を逆転させた刺激列で，例3と例4は，「薄い緑」と「濃い緑」の例である。

例 1　●●●●●●●●●●●●●●●■●●
例 2　●●●●●●●●●●●●●●■●●●
例 3　●●●●●●●●●●●●●●●●■●
例 4　●●●●●●●●●●●●●●●■●●

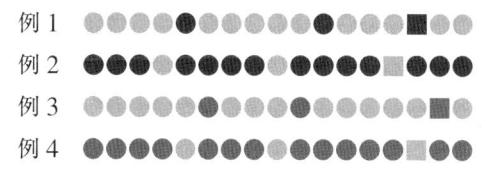

ギリシャ語話者は，標準刺激の「薄い青」と誤認刺激の「青」をことばによって区別するので（'ghalazio・ble'），誤認刺激が表示された場合，これら2色を区別しない英語母語話者と比べると，より明確に，より速く識別することができる。その結果，脳波には視覚ミスマッチ陰性電位（vMMP: Visual Mismatch Negativity Potentials）が現れる可能性がある，とティアリーらは仮説を立てたのである。視覚ミスマッチ陰性電位というのは，規則にもとづいて予測された視覚事象と，実際に刺激として提示された視覚事象が明確に一致しない場合に出現する脳波のことを言う。「青」と「薄い青」を区別するギリシャ語話者は，形に注意しながらも，色が異なる事象が表示されることで，瞬時に，しかも無意識的に不一致（ミスマッチ）刺激と判断するということである。

　実験では，さらに例3, 4のような「薄い緑」と「濃い緑」も提示されたが，ギリシャ語では，これらの色は言語的に区別しないため（'prasino'），「青」「薄い青」の場合とは異なる反応を示し，視覚ミスマッチ陰性電位も出現しないだろうと予測したのである。

　調査の結果，予想通りギリシャ語話者は，「青」「薄い青」の場合，英語話者よりも視覚ミスマッチ陰性電位が強く出現したことが分かった。また，「薄い緑」と「濃い緑」の場合では，英語母語話者とギリシャ語話者の間には有意な差は見られなかった。

この結果は，母語であるギリシャ語の 'ghalazio' と 'ble' という言語特有の語彙システム（切り分け方）が人の無意識的な状況での色の認識に影響を与えていることを示すものである。しかし，思い出していただきたいのは，この実験に参加したギリシャ語母語話者の属性である。参加者の中には，かなり高い英語力を身につけた人（語彙力テストでは 90 点満点中 84 点）も含まれていた。にもかかわらず，このような結果が得られたということは，脳の活動には第 2 言語としての英語習得の影響は受けていないということになる。

　そこで実験者らは，ギリシャ語話者をイギリス滞在期間の差をもとに 2 グループに分け（平均 7.2 ヶ月グループ［1.5 ヶ月〜12 ヶ月］と平均 42.6 ヶ月グループ［1.5 年〜 5 年］)，データを再分析した (Athanasopoulos and Aveledo (2013))。その結果，滞在期間の差は，バイリンガルの脳レベルでの色の認識の違いを生む要因であることが分かった。つまり，滞在期間が短いグループは，滞在期間が長いグループよりも「薄い青」「青」に対してより強く視覚ミスマッチ電位を示した。しかしながら，興味深いのは，英語力自体の差によっては，脳電位反応に有意な違いは見られなかったのである。新しい言語を学ぶということは語とそれが指示する現実の世界（文化）のモノとの連合を強める，と考えれば，得られた結果を上手く説明できるのではないか，と彼らは結論づけている。つまり，第 2 言語を身につける際に，その言語が話される環境に身を置けば，「ことば」と現実の「モノ」との結びつきがより強くなるという一見当たり前のことが，この実験で示されたということである。

　典型的な色を指し示す実験や，色の違いを判断する実験では第 2 言語の影響が出てくるのに，このように脳の反応をみると母語

の影響が色濃く残っているということである。今後，さらに研究が進むことを期待したい。

　ここで一つ指摘しておきたいことがある。それは，いままでの色の実験がズーニー語，ナヴァホ語，タラフマラ語等の聞き慣れない，どこで話されている言語か，どのような文化背景があるのか，言語にどのような特徴があるのか，あまりよくわからない言語話者が研究対象になり英語話者と比較されてきた。これでは追認研究をしようとしても難しい。被験者を集めるのも大変である。ところが，上で見た二つの研究は，英語話者と日本語話者，英語話者とギリシャ語話者，というように身近な言語話者が参加者となる研究である。

　色の切り取り方が異なる言語といえば，以前はズーニー語やナヴァホ語のように，全く異なる文化背景をもつ言語に研究対象を求めたのだが，近年では身近な言語にも色の切り取り方が異なる言語があることに気づいたのである。これならば参加者は比較的集めやすいし，文化的な背景も大きく異ならないため言語の影響を見やすい。言語と認知・思考の関係を検証する実験は，サピア・ウォーフ仮説が提唱された1950年から80年台とは異なり，随分取り組みやすくなっていると言えるだろう。

3.5.2.　モノの分類（1）：カテゴリー関係とテーマ関係

　先に第3章の3.2節で英語話者とナヴァホ語話者を対象としたモノの分類実験を紹介した。目的語の性質によって動詞を複雑に変化させるナヴァホ語の話者は，そうでない英語の話者よりも，モノの形により注目するという研究である。つまりナヴァホ語話者は，英語話者に比べると，「青いロープ・黄色いロープ・青い棒」の三つのモノがあれば，青いロープと黄色いロープを同じカ

テゴリーに属すると判断する割合が高いのである。

では「サル・パンダ・バナナ」などの三つのモノではどうだろうか。実は，西洋人と東洋人とではモノの見方が異なることを示した研究がある。西洋の人々はモノの際立った特徴や属性に注意を払って，規則に則った，より分析的な分類を行い，周囲のモノとは分離してそれを見る傾向にあるという。一方東洋の人々は，個々の特徴よりもモノ同士の関係をより重視して，関係性や類似性に頼った，より全体的な見方をした分類を行う。しかも周囲のモノも含めて対象物を見る傾向にあるというのである。そのため，「サル・パンダ・バナナ」の三つを提示されると，西洋人は「サル」と「パンダ」を同じ範疇に属すると判断し，東洋人は「サル」と「バナナ」を同じ範疇に属すると判断する傾向がより強いことが予想される。

このことを明らかにした研究がある (Chiu (1972), Ji, Zhang and Nisbett (2004), Nisbett (2003))。「サル・パンダ」のような結びつきをカテゴリー関係 (categorical relation) といい，知覚的・生物学的・機能的な特徴から同じ分類に属すると判断される関係である。

一方「サル・バナナ」のように時間・空間・因果関係によって何らかの結びつきが推測される人・モノ・事柄などの関係をテーマ関係 (thematic relation, あるいは連想関係) という（図3.1 参照）。

西洋と東洋の行動パターンや考え方を比較した研究は多い。たとえば日常生活を描写する場合，英語話者は「あの人は自分のことに夢中だよ」とか「彼女はとても負けず嫌いだ」などというように登場人物の描写が多い一方，ヒンディー語話者は「あれは，朝早くのことだった」とか「その人には3人弟がいたんだ」などと，個や個人の描写に加えて，周囲の状況描写が含まれることが

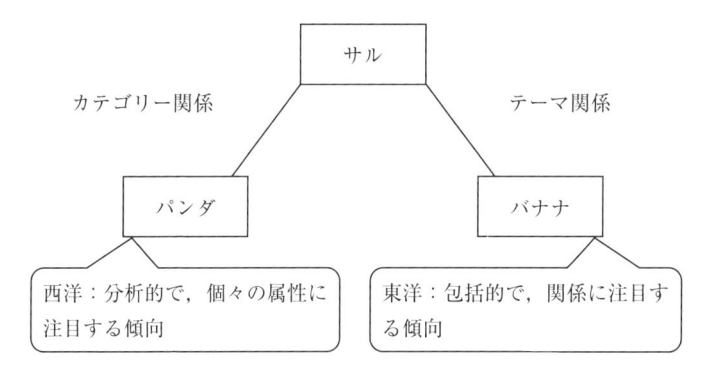

```
              サル
カテゴリー関係       テーマ関係
      パンダ      バナナ
┌─────────────┐ ┌─────────────┐
│西洋：分析的で，個々の属性に│ │東洋：包括的で，関係に注目す│
│注目する傾向        │ │る傾向         │
└─────────────┘ └─────────────┘
```

図 3.1　東洋的なものの見方と西洋的なものの見方の対照比較図

多いと指摘した研究がある (Miller (1984))。

　また，ニュース記事についての意見を比較，分析した研究では，ある殺人事件について，英語話者の意見は，その事件を引き起こした人物本人の責任を問うものが圧倒的に多いのに比べ，中国語話者による意見は，その事件が起こった背景やそのときの状況を考慮する記述が多かった。もし異なる状況下であれば事件は起こらなかったかも知れない，などの記述さえも見られたという (Morris and Peng (1994))。

　さらに，同じ情景を見ていても，英語話者と日本語話者では，その情景の描写や記憶に残るものが異なるようである。英語話者と日本語話者に魚が水中を泳いでいる動画を見せて，何を見たかを記述させ，さらに動画に出てきたものを憶えているかどうかを調査した大変興味深い実験がある (Masuda and Nisbett (2001))。「何を見たか」と問われて，英語話者の多くは「大きな魚がいました。マスのような。で，左のほうに泳いで行ったんです。」というように，目立つ魚のことを話し始める。ところが日本語話者は「池か海のような水中の様子でした。」というように，まず全

体のことを話す傾向が強かったというのである。さらに，日本語話者は英語話者と比較すると，周辺の海藻や貝やイモリなどの小動物をより正確に記憶しており，また特徴のある魚なども背景と一緒に記憶していたという。一方，英語話者はといえば，周辺の事柄に関する記憶は日本語話者より曖昧であったが，目立った魚の特徴をより正確に記憶し，背景を変えて提示されても，それらの魚を日本語話者よりも正確に指摘することができたという。つまり，英語話者はどちらかというと分析的に個々のモノを見る傾向が強く，日本語話者は個々のモノと一緒に周囲を捉え全体を見る傾向が強いという，まさに西洋的なものの見方と東洋的なものの見方をみごとに示す実験結果であったのである。

では，先に挙げた「サル・パンダ・バナナ」のような組み合わせの分類方法は，日本語話者が英語を第2言語として学んだ場合に変化するのだろうか。そこで，村端 (Y. Murahata (2012)) は英語学習の影響を見るため，参加者に「サル・パンダ」のようなカテゴリー関係の結びつきの度合いと，「サル・バナナ」のようなテーマ関係の結びつきの度合いを5段階で判断させる実験を行った。5が最も結びつきが強いスコアである。参加者は，日本在住の大学生および英会話学校の生徒で総計84名であった。この日本語話者グループは，英語の語彙力テスト (Nation (2001)) によって四つの能力グループに分けられた。また，統制グループとして参加してもらった英語のモノリンガルは21名で，全員が日本在住1年未満で，日本語はほとんど習得していない人たちであった。調査の結果，日本語話者は英語力が高くなるとカテゴリー関係の結びつきが強いと判断する度合いが高くなり，一方テーマ関係の結びつきの度合いに関しては，あまり変化が見られないことが分かった (図 3.2)。

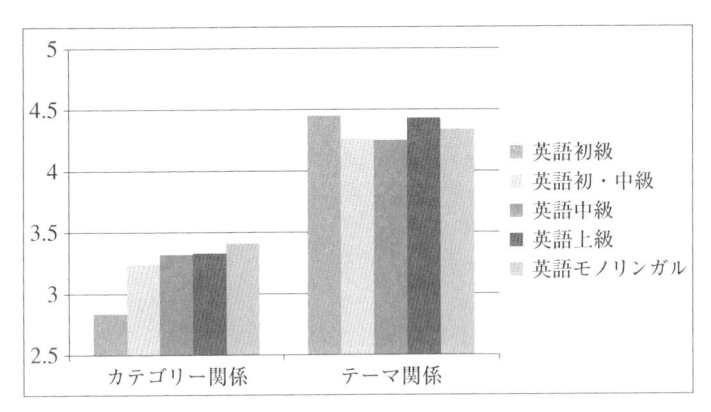

図 3.2　英語の能力別 4 グループと英語モノリンガルによるカテゴリー関係・テーマ関係の平均判断スコア（Y. Murahata (2012: 164) Figure 11 にもとづく）

　また高校生を参加者とした追実験では，カテゴリー関係の判断については，すでに高校の段階の英語ユーザにも英語学習の影響と思われる兆候が観察された（図 3.3 参照）。参加者の高校生は，日本在住で英語圏での居住経験がない高校 1 年生 72 名で，うち 8 名は中学校入学以前に 2 年から 9 年間週 1 回程度，学校外で英語のレッスンを受けていたが，それ以外の参加者は中学生になって初めて学校で英語を学習し始めた生徒たちであった。大学生の反応と同様に，「サル・バナナ」というテーマ関係については，ほとんど変化はなかった。これらの結果が示すのは，日本語を母語とする日本語話者は，モノの関係性に注意を払うという日本語話者の特徴を維持しつつも，「サル・パンダ」というカテゴリー関係の判断については，英語学習が進むにつれて，より英語母語話者の認識に近づくようになるということである。

　さてここで，前節で検討した日本語を母語とする英語話者の

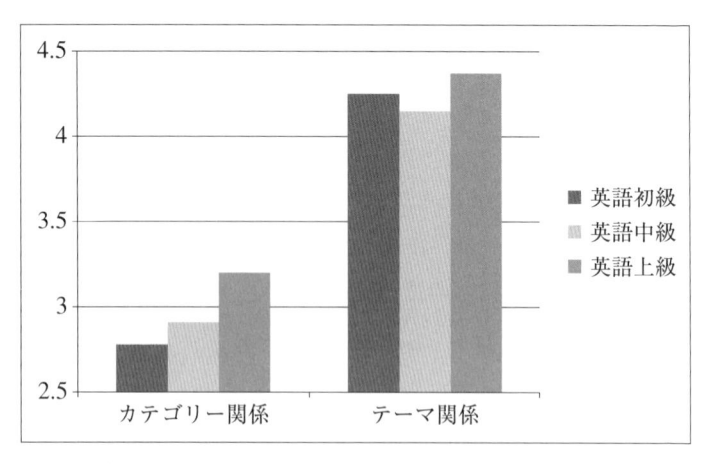

[グラフ: カテゴリー関係とテーマ関係の判断スコア。カテゴリー関係：英語初級 約2.75、英語中級 約2.9、英語上級 約3.2。テーマ関係：英語初級 約4.25、英語中級 約4.15、英語上級 約4.35]

図 3.3　高校生 3 グループのカテゴリー関係・テーマ関係の判断スコア
　　　　（Y. Murahata (2012: 183) Table 13 にもとづく）

「青」と「水色」に対する認識実験で問われた疑問を再度思い出していただきたい。このような「心」の変容は，言語によるものか，あるいは文化や環境によるものかという問題である。色の実験では英語圏在住の参加者が英語力のレベルや滞在期間に応じてグループ分けされたものであった。しかし，この「サル・パンダ・バナナ」の実験は，日本在住の英語ユーザを対象に行われたものである。したがって，英語を主として使用する国・地域で生活しているわけではなく，日本にいながら学校での英語という教科の授業を受け，あるいは英会話学校に通うことで英語を身につけた結果として，モノの分類方法に変容が現れた可能性があるのである。ここで紹介した実験結果を見ると，認知の変化は文化・生活環境の違いから生じたと考えるよりも，むしろ「ことば」の学習による「心（認知）」の変容と考えるほうがより妥当な解釈と言える。

では，いったいどれくらいの期間の，どれくらいのレベルの英語学習が人の認知に影響を与えるのだろうか。また，英語のどの部分が，このような分類に影響を与えているのだろうか。近年わが国の小学校でも外国語活動として英語でのコミュニケーション活動を取り入れた授業が行われている。そこで村端（G. Murahata (2010a)）は，小学校の5, 6年生を対象にカテゴリー関係とテーマ関係の選択実験を行った。参加者は，英語学習経験量の異なる小学校5・6年生76名であった。参加者は以下のように3グループに分けられた。「EX」というのは英語学習経験を示している。

1) EX-EX 群
  小学校で週2時間の英語授業を受け，かつ，2年以上の校外での英語学習経験がある児童
2) EX 群
  小学校で週2時間の英語授業を受けている児童
3) Non-EX 群
  小学校で月・学期に数時間程度の英語接触しかない児童

まず標準刺激となる「ラクダ」「フォーク」「飛行機」等の絵を提示し，次に二つの目標刺激を示した。「ウマ」「箸」「ヘリコプター」などが標準刺激に対するカテゴリー刺激で，この実験では下図のように ParaTax と呼ばれている。一方，「砂漠」「サラダ」「雲」などがテーマ刺激で，SynThem と呼ばれている。「ラクダ」に対して「ウマ」と「砂漠」，「フォーク」に対して「箸」と「サラダ」，「飛行機」に対して「ヘリコプター」と「雲」の絵等をそれぞれ提示して，どちらが最初の絵と結びつきが強いかを尋ねる実験である。

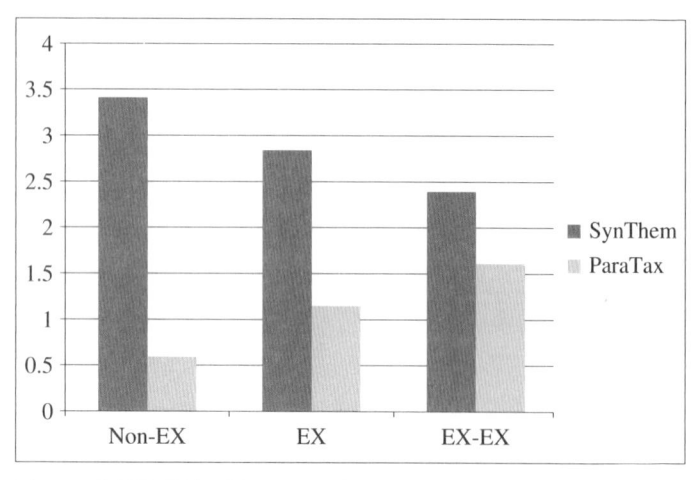

[グラフ: Non-EX, EX, EX-EX の3グループにおける SynThem と ParaTax の値を示す棒グラフ]

図 3.4 英語学習量の異なる小学生のカテゴリー・テーマ関係の認識
(G. Murahata (2010a: 10) Figure 5 にもとづく)

実験の結果は, 図 3.4 のグラフが示すように, 英語を使ったコミュニケーション活動の時間がより多い小学生は, そうでない小学生と比較して, カテゴリー関係のモノを選択する頻度が高くなるという結果が得られた。また, 刺激が与えられてから回答するまでの反応時間を測定した結果, 英語との接触が多くなるにつれて反応速度も速くなっていることが分かった(Non-EX 群: 2.331秒, EX 群: 1.982 秒, EX-EX 群: 1.813 秒)。

これらの結果は, 数年間の学外での英語のレッスンでの英語接触と, 2 年間のわずか週 2 回程度の英語学習であっても, 10 歳から 12 歳の日本語話者のモノの分類方法に影響を与える可能性を示しているのである。

このような三つ組み課題 (Triad Task) は幼児の認知発達を調査する実験でよく使われてきた (Smiley and Brown (1979), Markman and Hutchinson (1984), 杉村 (1992), Waxman and Hall (1993) など)。幼児の言語習得は認知発達と深い関係にあることはよく知られている。「これは猫だよ」「これは熊だよ」という大人のことばを聞いて、子どもはことばを憶え、同時にモノを分類していくのである。

日本語話者と英語話者を対象とした、これまでの発達心理学や認知心理学の研究成果を集約して見ると (Y. Murahata (2012))、幼児は言語習得が本格化する2〜3歳までは母語にかかわらず「サルとパンダ」や「靴とサンダル」のようなカテゴリー関係の結びつきを好み、徐々に「サルとバナナ」や「靴と足」のようなテーマ関係の認識を強めるようになっていく。しかし、母語の骨格ができあがる頃の4歳前後から、習得した母語の特性によってモノの関係の捉え方に異なる認識を見せ始めるようになる。たとえば、日本語話者の場合はテーマ関係を、英語話者の場合はカテゴリー関係をより強く認識するようになっていくのである。

このような日本語話者と英語話者のモノの分類認識に対する違いの要因の一つには総称名詞の有無にあると社会心理学者であるニズベット (Nisbett (2003)) は考えている。たとえば英語話者の場合にカテゴリー関係による結びつきが強くなるのは、'Lions are ferocious.'（ライオンはどう猛だ）というように、ライオンというカテゴリーに属する動物一般を表す 'lions' という総称名詞があるからである、と主張する。つまり、図3.5で示すように、日本語では1羽でも2羽でも「トリ」であるが、英語では 'a bird/birds' と区別する。換言すれば、可算名詞で表される、ある個別化されたモノを「トリ」あるいは 'bird' であると分類すると、その個体の形状や属性を認識して同じカテゴリーに属するものが複数個ある場合に、日本語では同じく「トリ」と言い、英語

| 英語 | *a bird* | *birds* |
| 日本語 | トリ | トリ |

図 3.5　英語と日本語の名詞形態と概念の違いを表すイメージ図（Y. Murahata (2012: 254) Figure 23 にもとづく）

では形式を変えて 'birds' と複数形にする。このような言語特性から英語話者は日本語話者と比較して，可算名詞で表されるモノを認識する場合，その形状や属性に注意を払うという言語的制約下に置かれ，したがって，同じ名前で呼べるかどうか，同じカテゴリーに属するかどうかの判断により慣れている，と言えるのではないだろうか。

総称名詞に関しては，前章 2.4 節で紹介した研究結果に見られるように，英語話者のほうが日本語話者よりも，「モノ一般のことをさしている」という総称的意味を捉えた解釈をする。そして，英語のような形での総称表現をもたない日本語を母語とする第 2 言語話者が英語を学習すれば，徐々に日本語の世界においても文脈から総称的な意味の認識を名詞に付与する傾向が強くなるというのは，ことばがモノの分類認識に影響を与え得るというニズベットの指摘は正しいと言えるかもしれない。

しかし，ニズベットの指摘も村端（Y. Murahata (2012)）が行っ

た先の実験の考察も，言語の相違とカテゴリー化認識の関係についての直接の実証研究にもとづいたものではなかった。そこで村端（Y. Murahata（2012））は先の実験後に，このようなカテゴリー化の認知活動と言語との関係を明らかにするため，新たな実験を行った。参加者は英語のレベルが異なる日本語と英語のバイリンガル 47 名，英語のモノリンガル 26 名で，バイリンガルは英語のレベルによって 21 名と 26 名の二つのグループに分けられた。この実験では，参加者に，まず無意味な名前をつけた抽象的な一つの図形（標準図形）が描かれている図を示し，次に最初の図形と同一の図形，あるいはわずかに異なる図形の複数個からなる図（目標図形）を示して，最初の図と同じ名前で呼ぶことができるかどうかを 5 点法で判断させた。具体的には図 3.6 にあるように，まず左側の図を提示して「これはカベトです」と名前を与え，次に右側の図を提示して「これらはカベトですか？」と尋ねるのである。英語話者には英語で 'This is a kabet.' 'Are these kabets?' と尋ねた。2 番目に提示する図には，次に示すように四つのパターンを用意した。

1) 最初の図形と形が全く同じモノ
2) 最初の図形と形は全く同じであるが，それぞれ角度を変えて回転させたモノ
3) 最初の図形と形はわずかに異なるが，同じ方向を向いているモノ
4) 最初の図形と形がわずかに異なり，さらにそれぞれ角度を変えて回転させたモノ

英語話者は日本語話者よりも，2 番目に提示された図に示される複数の図形を，最初に提示された標準図形の個別特性から判断し

(1) これはカベトです。これはらカベトですか？　(2) これはマミトです。これらはマミトですか？

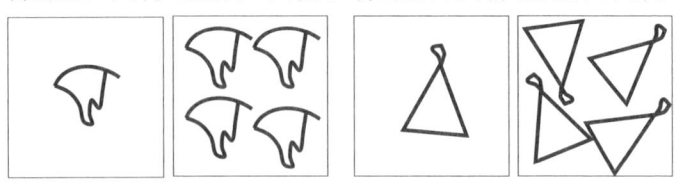

(3) これはモユワです。これはらモユワですか？　(4) これはテラーです。これらはテラーですか？

図 3.6　Y. Murahata (2012: 307-316) の実験に使われた四つのパターンの図形

て同じカテゴリーに属するモノと判断する傾向が強いだろうと仮説を立てた。上の四つのパターンでいえば，標準図形の個別特性が最も明確な形で現れる目標図形の 1) が最も同じカテゴリーに属するモノと判断されると考えた。調査の結果は，図 3.7 に示されているとおりである。

　予想通り 2 枚の図形が全く同じ 1) のパターンが全体的に見て最もスコアが高く，同じ図形を回転しただけの 2) のパターンは続いて高い。2 枚目の図形が異なる 3) と 4) のスコアは低い。3) のパターンのスコアが 4) よりも低いのは，図形が同じ方向を向いて整然と並んでいるのでその違いが目立ったため，同じカテゴリーに属さないという判断が強まったのかもしれない。

　グループの平均値をみると，4 パターンのいずれにおいても英語の能力が低いバイリンガルグループのスコアが最も低く，英語母語話者が最も高いスコアを示し「同じ名前で呼ぶことができる」

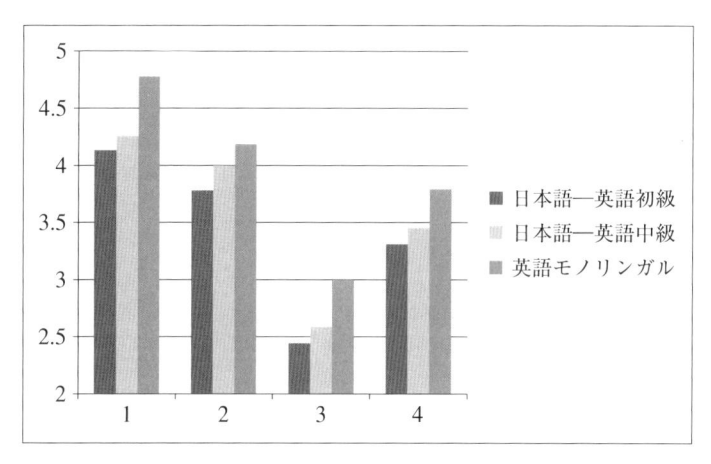

図 3.7 抽象図形を用いた四つのパターンの各グループの平均判断スコア（Y. Murahata (2012: 230) Figure 16 にもとづく）

と判断する程度が高かったのである。英語の能力が高いバイリンガルグループのスコアは，いずれも二つのグループの中間に位置している。このことから，英語の母語話者は日本語話者よりも，同じか，ほぼ同じと判断できるモノについては，一つのカテゴリーに属するモノと判断する傾向が強く，英語を第2言語として学習することによって，英語話者に特徴的なカテゴリー化という認知活動がより顕著になることが見えてくる。このことが今後の研究において，さらに確認されれば，ことばがモノの分類に影響を与えるという先ほどのニズベットの指摘はより信憑性が高くなるだろう。

3.5.3. モノの分類 (2)：名詞の単数・複数に関連する認識

ここで再び第1章1.8節で言及したルーシー（Lucy (1992)）の英語話者とユカテク語話者の比較研究を思い出していただきた

い。英語とユカテク語の名詞の形は異なる。英語は可算名詞と不可算名詞を区別して，複数の概念を示す際にはすべての可算名詞を義務的に複数形にする。一方，ユカテク語は一部の可算名詞のみ選択的に複数形にする。この違いによって，ユカテク語話者はモノに対する認識が英語話者とは異なるだろうと仮説をたてて行われた実験である。英語話者は「形」による組み合わせを好み，ユカテク語話者は「材質」による組み合わせを好んだ。

　実はルーシーが研究したユカテク語の名詞は，形式上，日本語に似ている。日本語ではユカテク語同様，数を表すのに「一本の鉛筆」「2匹の猫」という助数詞を用いた言い方をする。また「学生たち」「鳥たち」と生物に「たち」をつけて複数の意味を表すことはあるが，「*本たち」「*机たち」というように，通常無生物には「たち」をつけない。

　そこで，今井とゲントナー (Imai and Gentner (1997)) は，英語話者と日本語話者を対象に，ルーシーが英語話者とユカテク語話者に行った実験と同様の実験を行った。今井らの研究で独創的な点は二つある。まず第1点目は，「発達」という視点で言語がどのように認知に影響を与えるかを見たことである。すなわち，言語による影響があるとすれば，いつ頃（何歳頃）からそれが発現するかというものである。第2の点は実験に用いた用具に三つのタイプを用意したことである。以下のA，B，Cの3タイプに対して，それぞれ (a)「基本のモノ」，(b)「異なる材質でできているが基本のモノと同じ形をしているモノ」，(c)「基本のモノと同じ材質であるが形をもたない固まり・破片」の3種類，それぞれ4セット（3タイプ×3種類×4セット）を用意した。

　(A)　複雑な形をしたモノ（機能が比較的明確なモノ）

(B) 単純な形をしたモノ（何らかの形はしているが機能性は認められないモノ）
(C) 物質（恒常的な形をもたない固まり・破片）

　人はモノを見たとき，基本的には形のあるものと形のない物質は認識できるはずで，問題なのは形が単純で明確な機能を持たないモノを見たときである。つまり「形」による分類か「材質」による分類か判断に迷いそうなモノである。「形」を優先するバイアスが強い言語の場合，参加者は，(B)「単純な形をしたモノ」タイプに属するモノが提示されると，「材質」よりも「形」を優先して (b)「異なる材質でできているが基本のモノと同じ形をしているモノ」を選択するだろうと予測したのである。

　この実験には，日本語モノリンガルとして2歳から14歳までの小人43名と，学部大学生・大学院生の大人18名，英語モノリンガルとして2歳から14歳までの小人42名と，学部大学生の大人18名が参加した。参加者たちは，まず皿にのせられた基本のモノを見せられて，それぞれの母語で「これはブリケットです」と新奇な名前が与えられる。そして次に，別の二つの皿にのせられたモノを提示され，「ブリケットがのっているのはどちらの皿ですか」と尋ねられる。

　実験の結果，(A) タイプの基本のモノが「レモン絞り器」や「クリップ」など，その機能が明確であるときには，英語話者も日本語話者も材質は異なっても同じ形をしたモノを選択する割合が圧倒的に高かった。すべての年齢層について見ると，英語話者は全体の約90％，日本語話者も全体の約80％以上が形を選択したのである。恒常的な形を持たないモノ，つまり (C) 物質タイプのモノが「半円状のニベアクリーム」や「U字型をした木屑」

などの場合は，英語話者の約半分が形状による分類を選んだのに対して，日本語話者は20%以下と低く，2歳児だけが45%程度と他の年齢群と比較すると群を抜いて高かった。つまり，興味深いことに，2歳児の場合には日本語話者でも英語話者の場合と同様に形にもとづく選択が多く見られたのである。

さて，「ピラミッド型のモノ」や「ロウの固まり」など，機能を持たないが何らかの形をしている（B）「単純な形をしたモノ」タイプの場合はどうだろうか。今井らの予想通り，言語による差が明確に現れた。形を選択した英語話者は全体の約80%であったのに対し，形を選択した日本語話者は50%程度に止まっていたのである。

（C）物質タイプの選択で日本語話者の幼児が他の年齢グループと異なる反応を示して形により注目したのは，認知発達の観点から見ても非常に合理的なことである。幼児は生後7ヶ月から20ヶ月の間，爆発的に習得語彙を増やし，この期間は「言語爆発」とか「ことばの爆発期」と呼ばれる。この時期に英語環境であろうと日本語環境であろうと，幼児が普遍的にモノの材質よりも形に注目してモノを分類して行くということは，理にかなったことである。新しいモノ，たとえばキリンのぬいぐるみを見せられて「これはキリンさんだよ」と言われた時，新しい言葉「キリン」は，その形が表している「首が長い動物」なのか，「ふわふわした材質」のことなのか，それとも「色」のことを言っているのか，「まだらの模様」を指しているのか，わからなければ言葉を習得するのが非常に困難である。子供が言語を習得して行く過程で，モノのどの部分を取り出して大人が指す言葉の音声と意味をマッチングさせるかというと，それはモノ全体の形なのである。このことは，発達心理学の分野で明らかにされていることである

(Markman and Hutchinson (1984))。普遍的にすべての幼児が「これは机」「これはカップ」と言われてモノの名前を爆発的に憶えていった後，2歳を過ぎた頃から徐々に獲得する言語によって影響が出始めるという構図なのである。今井らのこの実験は，「形」か「材質」かを問う三つ組み課題によって，その発達段階を追認した実験である。

では，日本語の獲得後，モノの「形」よりも「材質」により注目し，モノを分類する際もそのバイアスに依存する日本語話者は，その後英語を学習することによって，その材質へのバイアスに変化は見られるのだろうか。クックら (Cook et al. (2006)) は，そのことを確認するため，日本語母語話者でイギリス在住の第2言語ユーザ36名を参加者として追実験を行った。参加者は，Nation (1990) の語彙力テストで60点以上（90点満点）のスコアを得た学生に限定され，イギリスの滞在期間にもとづいて，6ヶ月から3年の短期滞在グループ（18名）と3年から8年の長期滞在グループ（18名）の2グループに分けられた。この実験は，今井ら (Imai and Gentner (1997)) の実験と同じ三つ組みセットを用いて行われた（図3.8）。その結果は，さらに今井たちの実験結果から英語のモノリンガルグループと日本語のモノリンガルグループの反応と比較された。

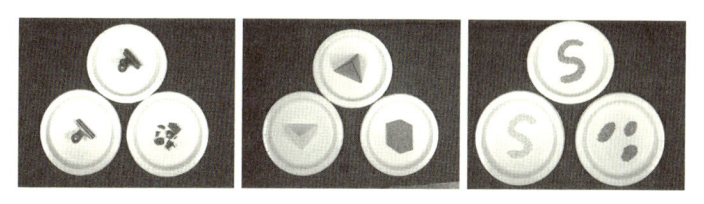

図3.8 形状か材質かの実験に使用された三つ組みの刺激材料

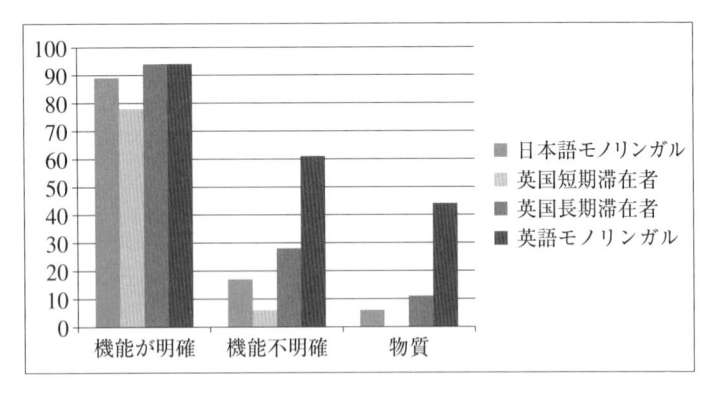

[グラフ: 縦軸0-100、横軸「機能が明確」「機能不明確」「物質」。凡例: 日本語モノリンガル、英国短期滞在者、英国長期滞在者、英語モノリンガル]

図3.9 日本語・英語モノリンガルおよびイギリス長期・短期滞在者の形状による分類を好んだ人数のグループ内パーセンテージ (Cook et al. (2006: 148) Figure 5 にもとづく)

　その四つのグループの中で「形」による選択のほうを好んだ人の比率を表したのが図3.9のグラフである。このグラフの一番左が日本語のモノリンガル，一番右が英語のモノリンガルである。イギリスでの長期滞在組のほうが短期滞在組より形による分類を好む傾向にあり，その反応が英語のモノリンガルの反応パターンへと移行していることがはっきり現れている。ただ，短期滞在組の選択方法を見ると，日本語のモノリンガルより形状による分類が少ないのが予想に反する。これは，今井らの実験の日本語モノリンガルは「立命館大学の大学生および大学院生」なので，ある程度の英語を習得していると思われ，クックたちの実験に参加したイギリス短期滞在グループとの英語力の差があまりないためではないだろうか。また，三つ組みセットは同じ品目のセットではあるが，サイズや材質が若干異なれば反応に多少の差がでるかもしれない。このような理由から，きれいな階段状のグラフとなっ

て現れなかったが，英語習得の結果として，より形に注意するというモノの見方に変わったという結果は示された。

ルーシー (Lucy (1992)) が行った，絵を使ったもう一つの実験もマルチコンピテンスの検証実験として日本語話者を対象に行われた (Athanasopoulos (2006))。参加者は日本語・英語バイリンガルの 38 名で，英語の能力 (Oxford Quick Placement Test) によって，上級グループ 21 名と中級グループ 17 名に分けられ，日本語モノリンガルは英語圏での滞在経験のない，日本在住の大学生 28 名である。この実験ではルーシー (Lucy (1992)) が用いたのと同じ 6 枚 1 セットの絵を参加者に見せて，それぞれの絵の違いを確認した後で「どれが最も似ていますか」と尋ねた (第 1 章図 1.4 を参照)。

その結果，図 3.10 が示すように，絵に描かれる無生物 (可算

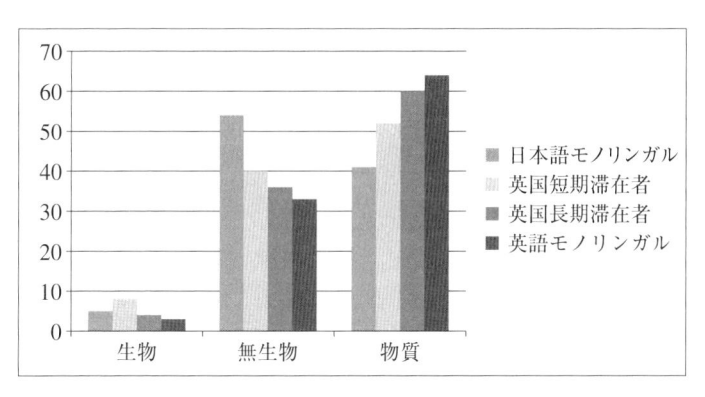

図 3.10 日本語話者と英語話者の各グループで最も良く似ていると判断した人数のパーセンテージ (Athanasopoulos (2006: 93) Table 2 にもとづく)

名詞）の違いに関しては，英語習得の度合いが高くなるにつれて，次第に似ていない，すなわち異なると判断する割合が低くなり（日本語モノリンガル54%，中級バイリンガル40%，上級バイリンガル36%，英語モノリンガル33%），反対に物質（不可算名詞）の変化に関しては，次第に似ていると判断する割合が高くなった（日本語モノリンガル41%，中級バイリンガル52%，上級バイリンガル60%，英語モノリンガル64%）。いずれも英語を習得することによって英語話者の反応に近づいているという結果となったのである。

つまり，無生物の名詞には「たち」をつけず，複数の概念を文法標識として表すことを基本的にしない日本語のモノリンガルが，生物も無生物も可算名詞はすべてが複数形をとり得る文法特性をもつ英語を習得することによって，無生物への数の感覚という「心」性（cognitive disposition）がより強くなったと解釈することができるのである。

3.5.4. モノ（名詞）の文法上の性に関する認識

日本語や英語にはないが，スペイン語やドイツ語のように名詞に女性形，男性形，中性形をとる言語がある。このような名詞に現れる文法上の性（grammatical gender）は，実世界の生物学上の性（biological gender）とは必ずしも明確なつながりがあるとは限らない。また，人工物，自然，抽象名詞にも男性・女性の区別がある。父・母，少年・少女のように生物学上の性が，そのまま文法上の性に反映されることもあれば，メスのゾウでもドイツ語では文法上は男性，月や太陽にも文法上の性がある。また，同じモノが，ある言語では女性名詞なのに，別の言語では男性名詞であることもある。表3.1は，スペイン語，ドイツ語，イタリア

表3.1 スペイン語，ドイツ語，イタリア語，フランス語の男性名詞，女性名詞，中性名詞の例

	男性名詞	女性名詞	中性名詞
スペイン語	libro 本, cuaderno ノート, lápiz 鉛筆, restaurante レストラン	mesa テーブル, silla 椅子, ciudad 都市, estación 駅	
ドイツ語	Tisch テーブル, Baum 木, Kapitalismus 資本主義, Monat 月, Sessel 肘掛け椅子, Elefant ゾウ, Glaube 信頼, Shmetterling チョウチョ	Uhr 時計, Blume 花, Freundschaft 友情, Sonne 太陽, Sünde 罪, Spinne クモ, Frosch カエル, Matrazze マットレス	Buch 本, Mädchen 少女, Experiment 実験
イタリア語	sole 太陽, giorno 日, libro 本, cane 犬, giornale 新聞, mare 海, ponte 橋, peccato 罪, ragno クモ, rana カエル, mattersasso	luna 月, sedia 椅子, cosa 物事, macchina 車, canzone 歌, luce 明かり, stazione 駅, nave 船, poltrona 肘掛け椅子, fede 信頼, farfalla	

	マットレス	チョウチョ	
フランス語	chapeau 帽子, chocolat チョコレート, poisson 魚, arbre 木, français フランス語	étoilet 星, gare 駅, montre 腕時計, chanson 歌, France フランス, pomme リンゴ	

語, そしてフランス語における男性名詞, 女性名詞, 中性名詞の例を示したものである。

　このような文法上の女性・男性という区別が話者の認知や概念に何らかの影響を及ぼすのだろうか。たとえば, 女性名詞として扱われるものは女性らしいイメージを持ったり, 男性名詞であれば男性らしいイメージを持ったりする, などということがおこりうるのだろうか。

　そこで, スペイン語の母語話者とドイツ語の母語話者を対象に, 24個のモノに対してどのような形容詞を思いつくかを問うた実験がある (Boroditsky, Schmidt and Phillips (2003))。参加者は, スペイン語とドイツ語のいずれかの言語を母語としているが, 全員が第2言語としての英語をかなり高いレベルまで習得しており, 実験はすべて英語で行われた。24個のモノは, それぞれがスペイン語とドイツ語では反対の性をもつ名詞で, その単語 (名詞) を見て, それを描写するのに思い浮かぶ形容詞を三つ書くタスクが与えられた。想起されたすべての形容詞が集められ, 今度は英語の母語話者が, 各形容詞が「女性的」な属性を表すか「男性的」な属性を表すか, というランク付けをした。たとえば,

'lovely'（かわいらしい，素晴らしい）であれば，どちらかといえば女性的，'powerful'（力強い）であれば，より男性的な属性を描写している，ということになろうか。

　実験の結果，母語によって異なる形容詞が用いられる傾向にあることが明らかになり，それは名詞の文法上の性に対応したものであった。たとえば，下の表3.2にあるように「鍵」はスペイン語では女性形，ドイツ語では男性形である。スペイン語母語話者は「鍵」を描写する形容詞として 'golden'（金色の），'intricate'（複雑な），'little'（小さな）などの形容詞を想起し，一方，ドイツ語母語話者は，'hard'（固い），'heavy'（重い），'jagged'（ぎざぎざの）などの形容詞を連想した。また，スペイン語では男性名詞，ドイツ語では女性名詞である「橋」に対しては，スペイン語母語話者は，'big'（大きい），'dangerous'（危険な），'long'（長い），などの形容詞をあげ，ドイツ語母語話者は，'beautiful'（美しい），'elegant'（優美な），'fragile'（もろい）などの形容詞を想起したのである。

　そして，これらの連想された形容詞に対して，女性を描写するのに使う形容詞か，男性を描写するのに使う形容詞か，について，英語母語話者にそれぞれ度合いを判断してもらった。すると各言語の女性名詞を描写するために連想された形容詞については，女性的な属性を表し，男性名詞を描写するために連想された形容詞については，男性的な属性を表すと判断する度合いが強かった。すなわち「鍵」や「橋」などの名詞については，言語が異なれば，それぞれのイメージも異なるということである。

　語の意味そのものとは直接関連のない，語の形態統語的な一つの側面がこのように話者がモノに対して抱くイメージに影響を与えている，というのは非常に興味深い。文法上の性を持つ言語の

表 3.2　名詞「鍵」と「橋」の記述に用いる形容詞のリスト

鍵	スペイン語 (女性名詞)	golden 金色の, intricate こんがらがった, little 小さな, lovely かわいらしい, shiny 輝いた, tiny とても小さな
	ドイツ語 (男性名詞)	hard 固い, heavy 重い, jagged ぎざぎざの, metal 金属の, serrated のこぎり歯上の, useful 役に立つ
橋	スペイン語 (男性名詞)	big 大きい, dangerous 危険な, long 長い, strong 強い, sturdy がっしりした, towering そびえ立つような
	ドイツ語 (女性名詞)	beautiful 美しい, elegant 優美な, fragile もろい, peaceful 平和な, pretty 素敵な, slender ほっそりした

話者が，文法上の性を持たない言語を習得した場合，母語の影響が保持される，という結果は上の実験で示された。つまり，参加者はスペイン語あるいはドイツ語の母語話者であったが，全員が英語を第 2 言語として習得し日常生活でも英語を使う環境にあって，母語の影響が現れたのである。

　その反対に，文法上の性を持たない言語を母語とし，文法上の性を持つ言語を第 2 言語として習得した場合はどうだろうか。英語の母語話者が，スペイン語を第 2 言語として習得した場合に，文法上の性は認知に何らかの影響を与えるかを探った実験がある (Kurinski and Sera (2011))。この実験では，動物や無生物がアニメーションに登場する際に，男性の声でしゃべらせるか，女性の声でしゃべらせるかを選択する，というタスクが参加者に与

えられた。つまり，子供向けのアニメーション映画を作るとする場合，あなたなら「太陽」に男性の声を与えますか，女性の声を与えますか，などと尋ねるのである。

参加者はスペイン語を学び始めたばかりのアメリカ人の大学生50名，英語を母語とするアメリカ人で大学院生やスペイン語の教師というスペイン語の上級者26名，そしてアメリカに来て数ヶ月から10年くらい経っているが，すべてスペイン語圏で生まれ育ったスペイン語の母語話者26名であった。

実験の結果，スペイン語の母語話者は，予測したように男性名詞の「太陽」や「車」には男性の声を，女性名詞の「リンゴ」や「ギター」には女性の声を選択するという具合に，ほぼ80%の割合で文法上の性と声の性が一致した。そして，スペイン語を学習した英語話者にはスペイン語の影響がみられたのである。つまり，スペイン語の上級者はスペイン語の母語話者と全く同じとはいわないまでも，かなり高い一致がみられ，初級者はスペイン語の授業を受ける前と受け始めて30週がたち，スペイン語の名詞の女性形，男性形を習得してくると次第にスペイン語の文法上の性に一致した声を選ぶようになってきたのである。

さらに，別の実験では文法上の性が母語と第2言語，双方にあるが，名詞によって異なる場合，そのバイリンガルの認知行動はどうなるのかを調査した研究もある（Bassetti (2011)）。たとえば，表3.3のように，「カエル」「チョウチョ」などはイタリア語では女性名詞だが，ドイツ語では男性名詞である。反対に「ネズミ」「クモ」などはイタリア語では男性名詞だが，ドイツ語では女性名詞である。

実験では，これらの生物の絵を1枚ずつ参加者に見せて，男性的と判断するか，女性的と判断するかを探るため，下のよう

表3.3 イタリア語とドイツ語の文法上の性の違い

	イタリア語	ドイツ語
カエル，チョウチョ	女性	男性
ネズミ，クモ	男性	女性

に，対極に位置する形容詞（醜い（ugly）—美しい（beautiful））を示して，マイナス3点からプラス3点までの7点法で判断させた。0点が中間で，マイナスがより男性的，プラスがより女性的というスコアを示すように設定された。課題として，「醜い（ugly），悪い（bad），汚い（dirty），気持ち悪い（disgusting），強い（strong），乱暴である（rough），危険である（dangerous）」という7つの形容詞（観点）が与えられた。つまり，参加者は「カエル」や「チョウチョ」などの絵を見て，下のようなスケールで，それぞれ7つの観点において点数をつけるわけである。

とても醜い	醜い	どちらかと言えば醜い	醜くも美しくもない	どちらかと言えば美しい	美しい	とても美しい
−3	−2	−1	0	+1	+2	+3

対象の生物は，図3.11と図3.12のグラフ下の表にあるように，イタリア語で女性名詞，ドイツ語で男性名詞の生物と，イタリア語で男性名詞，ドイツ語で女性名詞の生物が，それぞれ7種類選ばれた。実験の参加者は，ドイツ語母語話者16名，イタリア語母語話者16名，イタリア語母語話者でドイツ語が中級から上級と自己評価を下したバイリンガルが16名である。各グループの平均年齢は，いずれも30歳前後で，参加者の多くは英語を習

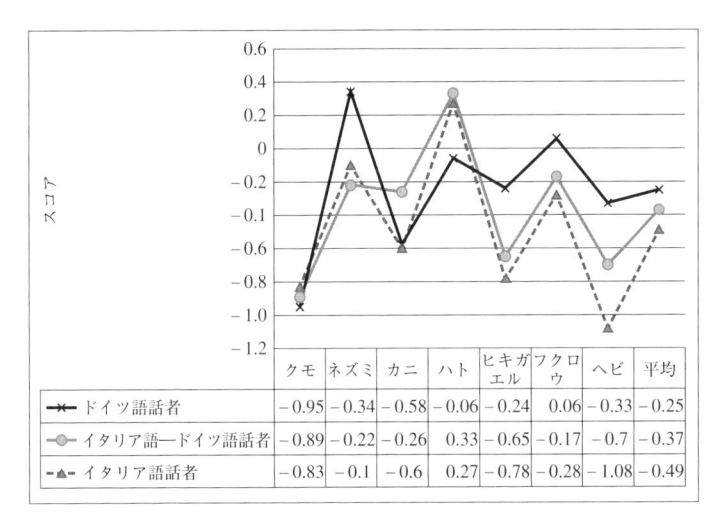

	クモ	ネズミ	カニ	ハト	ヒキガエル	フクロウ	ヘビ	平均
ドイツ語話者	-0.95	-0.34	-0.58	-0.06	-0.24	0.06	-0.33	-0.25
イタリア語—ドイツ語話者	-0.89	-0.22	-0.26	0.33	-0.65	-0.17	-0.7	-0.37
イタリア語話者	-0.83	-0.1	-0.6	0.27	-0.78	-0.28	-1.08	-0.49

図3.11 イタリア語で男性名詞，ドイツ語で女性名詞の生物に対する評価スコアのグループ平均（Bassetti (2011: 373) Table 16.3 にもとづく）

得しているが，英語は文法上の性を持たない言語なので，この実験結果には影響がでないと判断された．実験は各参加者の母語で行われた．

調査の結果は図3.11と図3.12に示されている．各生物で多少のばらつきはあるものの，平均すると両言語の文法上の性は，その言語話者の判断に影響を与えていることが確認された．さらに，イタリア語・ドイツ語バイリンガルは，その中間に位置するという結果が得られた．すなわち，イタリア語で男性名詞，ドイツ語で女性名詞の生物について，全体の平均値を比較すると，イタリア語話者のスコアは低く，より男性的なイメージを持っていることになり，逆にドイツ語話者のスコアは高く，より女性的な

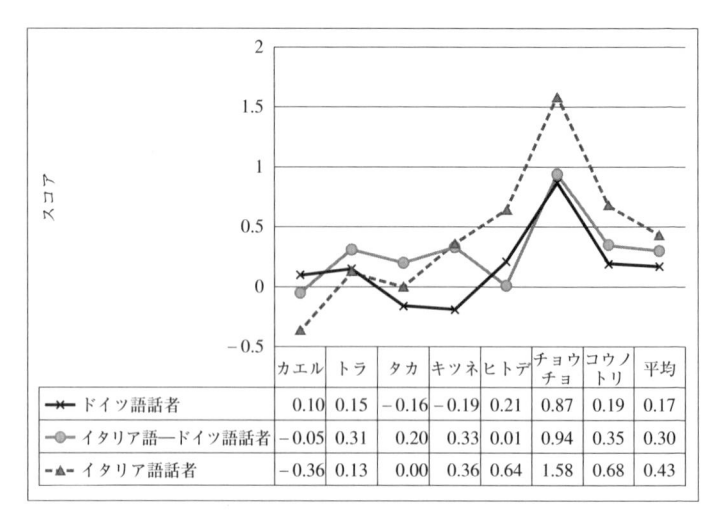

	カエル	トラ	タカ	キツネ	ヒトデ	チョウチョ	コウノトリ	平均
ドイツ語話者	0.10	0.15	−0.16	−0.19	0.21	0.87	0.19	0.17
イタリア語―ドイツ語話者	−0.05	0.31	0.20	0.33	0.01	0.94	0.35	0.30
イタリア語話者	−0.36	0.13	0.00	0.36	0.64	1.58	0.68	0.43

図 3.12 イタリア語で女性名詞，ドイツ語で男性名詞の生物に対する評価スコアのグループ平均（Bassetti (2011: 373) Table 16.3 にもとづく）

イメージを持っていることになる（図 3.11 参照）。反対に，イタリア語で女性名詞，ドイツ語で男性名詞の生物に対しては，同様に全体の平均値を比較すると逆の結果となった（図 3.12 参照）。そしてイタリア語・ドイツ語バイリンガルのスコアは両方ともその中間に位置している。このように，第 2 言語の文法上の性が最初に獲得した言語の文法上の性と異なる場合にも，第 2 言語の影響を受けることが明らかになった。第 2 言語ユーザは文法上の性という面においても，母語話者でもなく第 2 言語の母語話者でもない独特のイメージを持つようである。

3.5.5. 動き（動詞）に関する認識

　私たちが普段行っているさまざまな動き，行為，あるいは動作に関しても，言語が異なるとどこに焦点をあてるのかが異なる。わかりやすい例を挙げれば，日本語話者が英語動詞の現在完了時制を学ぶ時には，ある動作が現在との関わりをもつのか，過去の一時点のものか，という意味概念について考えなければならない。たとえば日本語で「財布をなくした」という場合，英語では少なくとも2通りの表現が可能である。今なくしたことに気がついて，現在もその財布が手元になければ下の1）のように現在完了形で表現するのが普通であろう。数年前に財布をなくしたことがあり，現在の所在は問題にせず，財布をなくしたことを過去の出来事として現在とは切り離して考えている場合であれば，2）のように過去形で表現するだろう。

1) I have lost my wallet.
   （財布をなくして，現在は持っていない）
2) I lost my wallet.
   （財布をなくした）［現在の状況は不明］

このように，日本語で表現する時にはさほど注意しなくてもよい行為や動作の側面を，英語で表現する時には注意しなければならない場合がある。では，このように行為あるいは動きに関する表現に言語間に違いがある場合，人の動きに関する認識にも違いが見られるのだろうか。

　このことに着目して行った実証研究がある。英語話者とインドネシア語話者の動作に関する認知の違いを，それぞれのバイリンガルを含めて行った実験である (Boroditsky, Ham and Ramscar (2002))。

英語とは異なり，インドネシア語には時制や相を示す統語的な手段がない。「たった今」「すぐに」などの語句を加えて，ある事柄や行動が過去のことか，現在のことか，未来のことか，を明確にするのは可能ではあるが必須ではない。たとえば「ボールを蹴る」という動作を例にとると，図 3.13 のように三つの異なる動作は，英語では左から 'John is about to kick the ball.'（ジョンはボールを蹴るところだ），'John is kicking the ball.'（ジョンはボールを蹴っているところだ），'John has kicked the ball.'（ジョンはボールを蹴ったところだ）となるだろうが，インドネシア語では，いずれも 'John kick ball.'（ジョンはボールを蹴る）である。

そこで，「フリスビーを投げる」「バナナを食べる」「ロープを切る」などのさまざまな動作をしている写真 90 枚を用いて，図 3.14A のように「同じ人が異なる動作をしている」写真組と，図 3.14B のように「同じ動作を異なる人がしている」写真組を作成して実験が行われた。

与えられた課題は，各写真組を見て，それぞれどれくらい似ているかを 1〜9 段階で判断するもので，数値が高いほど似ていると認識していることを意味する。図 3.14A の「同じ人が異なる動作をしている」写真組の数値が高ければ参加者は動作ではな

図 3.13　三つの異なる動作の例

図 3.14A　同じ人で動作が異なる 2 枚の図（実際は写真）

図 3.14B　同じ動作で人が異なる 2 枚の図（実際は写真）

く，人自体（同じ人）に焦点を当て，数値が低ければ動作（同じ動作）に焦点を当てているということになる。一方，図 3.14B の「同じ動作を異なる人がしている」写真組の数値が高ければ，先ほどとは逆に，参加者は動作自体（異なる動作）に焦点を当て，数値が低ければ人（異なる人）に焦点を当てている，というになる。

　実験参加者は，アメリカ在住の英語母語話者 14 名，インドネシア在住のインドネシア語母語話者 12 名，さらに英語が第 2 言語のバイリンガル 17 名である。バイリンガルのうちの 7 名は英語で，10 名はインドネシア語で実験に参加した。結果は，図 3.15 のグラフにあるように，英語話者は「同じ動作」をしている

写真のほうがより似ていると判断し，インドネシア語話者は動作が異なっても「同じ人」が写った写真をより似ていると判断したのである。

時制や相で言語化しなければならない英語を話す話者のほうが，異なる動作をより異なると判断し，インドネシア語の話者は動作が異なっても人が同じであれば，そのほうがより似ていると判断したもので，やはり言語の特徴に添った結果が得られたと言える。

さらに，興味深いのは，インドネシア語と英語のバイリンガルの場合，英語を使用した場合には英語母語話者よりも，さらに一

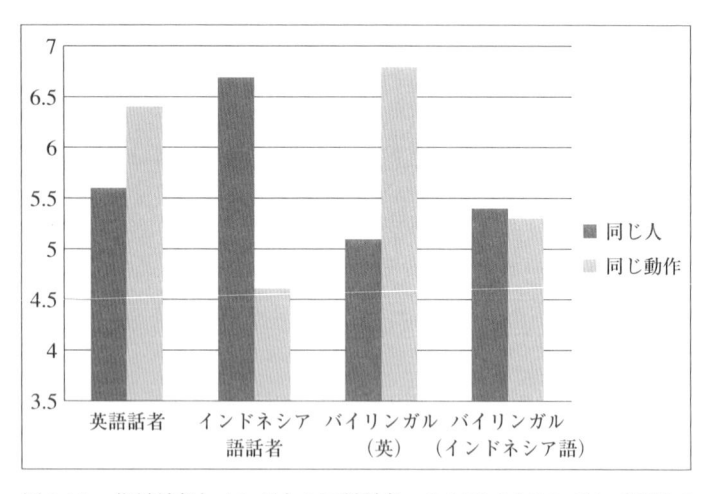

図 3.15 英語話者とインドネシア語話者，およびバイリンガル（英語で実験した場合（英），インドネシア語で実験した場合（インドネシア語））の，2 枚の写真の類似度判断タスクのグループ平均スコア（Broditsky, Ham and Ramscar (2002) Figure 3.4 にもとづく）

段と動作の違いに焦点を当てている傾向が顕著になり，インドネシア語を使用した場合にはインドネシア語母語話者と比べると，異なる動作を似ていると判断する割合が顕著に低くなった。つまり，英語母語話者の判断とほぼ同じである。それと同時に，同じ動作を似ていると判断する割合は，英語母語話者とインドネシア語母語話者の中間に位置し，かつ英語を使用した場合の割合よりも顕著に低い結果となったのである。これらの結果は，英語・インドネシア語のバイリンガルは，動作の認識に第2言語である英語の影響を受けつつも，母語を使用する場合には，母語の影響が残る反応を示すことを示唆している。

　さて，ことばと動作に関する認識に関心を寄せた，もう一つの実験を見てみよう。第2章で取り上げた様態動詞（manner verb）と経路動詞（path verb）の違いが，人の動きに関する認識に何らかの影響を及ぼすのか，という課題に取り組んだものである。

　この実験ではポーランド語母語話者が英語を第2言語として習得した場合に，動きの認識に変容が見られるかを調べたものである（Czechowska and Ewert (2011)）。ポーランド語は英語と同様に付随要素枠付け言語（satellite-framed language）に分類される (Talmy (2000))が，次の3点において英語との違いが見られる。

1) ポーランド語には英語ほど経路動詞（たとえば，enter, exit, descend, ascend 等）が見られない。
2) ポーランド語には英語の 'go, come, get' ように一般的な動きを表す動詞がなく，必ず「歩いて」いくのか「車で」行くのかを区別する必要がある。
3) 英語では経路を表すのに副詞(句)を添える（walk into, walk out）が，ポーランド語では接頭辞として動詞につ

ける (we-*jść* 'walk into', wy-*jść* 'walk out')。

したがって，ポーランド語話者と英語話者では経路に対する注意の度合いが異なるのではないかという仮説が立てられた。実験参加者は，総勢 123 名で次のような五つのグループに分けられた。

1) ポーランド語モノリンガル 30 名：ポーランド在住で外国語を勉強したことはあるが初級レベルで，英語の知識はない。平均年齢は 44 歳。
2) 英語モノリンガル 22 名：外国語を勉強したことはあるが初級レベルで，ポーランド語の知識は全くあるいはほとんどない。平均年齢は 36 歳。
3) ポーランド語・英語中級バイリンガル 20 名（「英語中級」）：ポーランド在住でイギリス留学に必要な中級レベルの検定合格のために英語を学習している平均年齢 22 歳の学生。
4) ポーランド語・英語上級バイリンガル 21 名（「英語上級」）：ポーランド在住でイギリス留学に必要な上級レベルの検定合格のために英語を学習している平均年齢 23 歳の学生。
5) ポーランド語英語ユーザ 30 名（「英語ユーザ」）：ポーランド在住の英語専攻の大学生で，ほとんどの授業は英語で受講している。平均年齢 22 歳の学生。

実験で用いられたタスクは二つで，まず図 3.16 にあるように，経路が同じ条件（(a) と (b)）と，様態が同じ条件（(a) と (c)）が選択できるようになった三つ組みセットを使い，似ている 2 枚を選ぶというタスクであった。さらに，経路は同じだが様態が

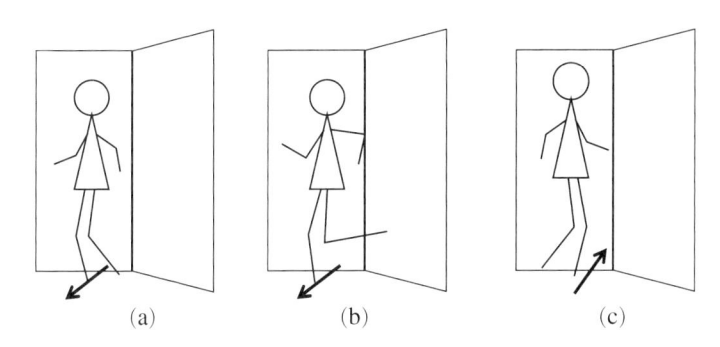

図 3.16 動作の形態と経路に関する認識を調べるために用いられたセット（実際は写真）

異なる（たとえば (a) と (b)）ペアと，様態は同じだが経路が異なる（たとえば (a) と (c)）のペアを見せて二つの写真がどれくらい似ているかを 5 点法で判断する，というタスクであった。この実験結果は複雑で，ポーランド語話者が英語を習得するにつれて，英語話者に近づくという単純な変化を示したわけではなかった。

最初のタスクの反応は，経路による選択と様態による選択，それぞれに「1」を入力し，グループの平均が数値化された（図 3.17A, B）。まず，図 3.17A の左右のグラフを比較すると，全体的にどちらの言語話者も，様態を選択したスコアが高いことから，様態が同じ写真（図 3.16 のセットでいえば (a) と (c)）のほうを経路が同じ（図 3.16 のセットでいえば (a) と (b)）写真よりも「似ている」と判断した人がかなり多いということがわかる。

グループ間の違いをみると，どちらの選択にしても，英語の能力が高いバイリンガルの上級グループと英語ユーザグループは他のグループと著しく異なる反応を示した。

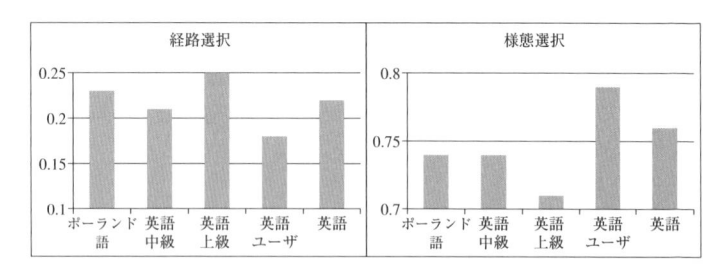

図 3.17A　経路による選択と様態による選択のグループ平均 (Czechowska and Ewert (2011: 298) Figure 13.2, 13.3 にもとづく)

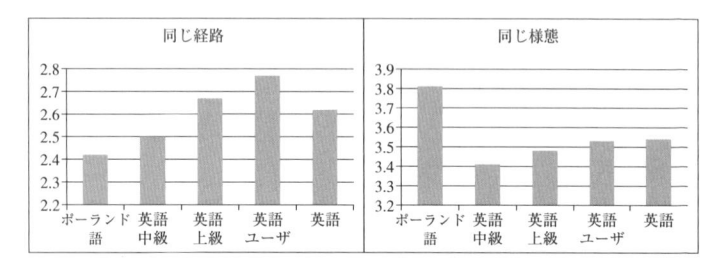

図 3.17B　同じ経路，同じ様態の写真の類似度判断スコアのグループ平均 (Czechowska and Ewert (2011: 302) Figure 13.5, 13.6 にもとづく)

　2 枚の写真の似ている度合いを判断するタスクでは，中級のバイリンガルグループがポーランド語のモノリンガルグループとは異なる判断を示し，英語の能力が高くなるにつれて，その違いが大きくなったり（同じ経路の場合）ほとんど変化が表れなかったり（同じ様態の場合）した（図 3.17B）。共に，ポーランド語話者から次第に離れて英語話者に近づく，という変化を示したというわけではない。経路動詞を多く持つ英語を学ぶことによって同じ経路を示すペアの写真を似ていると判断するようになった，という英語の影響をうかがうことはできるが，様態動詞に対する反応

と共に見ると，その変化はそれほど単純ではない。

　マルチコンピテンスの実験結果の中には，第2言語ユーザがモノリンガルとは異なる認知行動を示す結果を示してはいるものの，このように複雑な様相を示す実験結果も見られ，さらなる追認実験が期待される。

第 4 章

マルチコンピテンスの研究課題と研究方法

クック (Cook (1991)) が提唱して以来, マルチコンピテンスという概念は数多くの研究を通して発展し, 第2言語習得に関心を寄せる研究者や教師, 学生にいたるまで多くの人たちに斬新な視点を提供し影響を与えてきた。本章では, まず, マルチコンピテンスという理論的枠組みが生み出し, これまでの第2言語研究では問われてこなかったユニークな研究課題を概観する。その上で, マルチコンピテンスに根ざした具体的な研究方法を紹介し, マルチコンピテンスの視点から第2言語習得をこれから研究していこうとする方々への足場を提供していこうと思う。

4.1. 第2言語習得研究のパラダイムシフト

マルチコンピテンスの登場で, これまでの第2言語習得の研究では, 当然のことと考えられてきた研究課題や研究手法の認識に大きな変革, パラダイムシフトが起きたといっても過言ではない。これまでの研究はマルチコンピテンスから見れば, 適切さを欠く視点で研究データが収集, 分析されてきた。そのため研究課題や研究手法を含む, 第2言語習得研究全体の再構築が求められている。たとえば学習開始年齢に関する研究では, 第2言語ユーザはどの程度第2言語の母語話者の言語基準から逸脱しているか, という観点から研究されてきたが (Abrahamsson and Hyltenstam (2009)), 新しいパラダイムでは第2言語ユーザの年齢は第2言語ユーザのユニークな言語能力に影響を与えるのか, という課題に再構築することが可能だろう。

次節以降では, マルチコンピテンスの枠組みで研究が行われる

場合，具体的にはどのような研究課題が考えられるのか，1) 言語間の交差影響，2) ことばと思考（心），3) 教授と学習，という三つの観点から見ていくことにする。

4.2. 研究課題1：マルチコンピテンスの複数言語はどのように影響しあっているのか？

4.2.1. ミクロレベルでの言語間の交差影響

これまで何度か触れてきたが，マルチコンピテンスという概念は，一つの「心」あるいはコミュニティにある全体的な言語システムを射程においている。したがって言語干渉や交差言語的影響あるいは言語転移というのは，マルチコンピテンスの複合言語間の関係を概念化する一つの見方である。また，言語忘却というのもその一つである。伝統的な第2言語習得研究では，対照分析 (Contrastive Analysis) や構造主義・行動主義の心理学 (Structuralism and Behaviorism Psychology) に端を発し，常に母語が第2言語に与える影響に興味関心を寄せてきた。言語はそもそも習慣であり，旧習慣である母語が新習慣の第2言語に影響を与えると考えられてきたのである。第2言語習得に関わる研究誌や学会誌を見ても，音韻からスペリングまでのあらゆる言語レベルにおいて，母語が第2言語に与える影響を扱った論文は多数存在する。しかし，マルチコンピテンスの枠組みでは，母語と第2言語のあらゆる交差影響に関心を寄せているのである。ジャービスとパブレンコ (Jarvis and Pavlenko (2008)) によると，下表のように10の領域と29に及ぶ言語間の関係が考えられる。

表 4.1 言語間の交差影響領域（Jarvis and Pavlenko (2008: 20)，訳は筆者）

□言語知識／使用の領域
　音韻，つづり，語彙，意味，形態素，統語，談話，語用，社会言語学
□方向性
　順行，逆行，側横転移（L2 → L3 など），双方向・多方向
□認知の側面
　言語，概念
□知識の種類
　暗示的，明示的
□意図性
　意図的，偶発的
□様式
　生産的，受容的
□媒体
　聴覚，視覚
□形式
　言語，非言語
□表示
　公然的，隠示的
□結果
　負，正

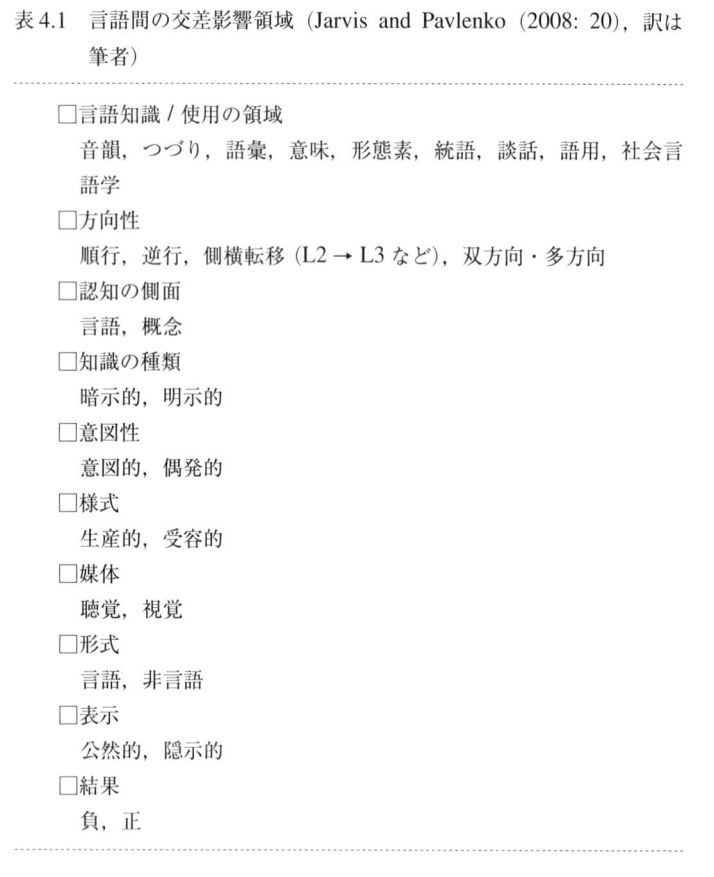

　このように，言語間の相互関係は母語の第 2 言語への影響に止まらないのである。まして，マルチコンピテンスが母語と第 2 言語に加えて，第 3 言語，第 4 言語，あるいは第 n 言語が含まれた状態になれば，母語が受ける影響はさらに複雑になると考えられる（Cabrelli Amaro, Flynn and Rothman (2012)）。こういう状況で浮かび上がる最終的な研究課題は，マルチコンピテンスの複

数言語は脳内でどのように影響しあっているのか,ということになるだろう。

マルチコンピテンスの根幹にあるのは,そもそも人間のことばというものは動的で浸透性のあるものという捉え方である。ドゥ・ボら (De Bot, Lowie and Verspoor (2005)) は,次のように述べている。

> [A]ll the knowledge of different languages and varieties that an individual knows are part of one dynamic system, and the state of that system at any one time very much depends on the degree of recent input and active use of any of the languages or varieties.　(p. 6)
> (一人の人間が知る複数の言語や言語変種の知識は,一つの動的システムの部分を成しており,そのシステムの状態というのは何時においても,どの程度いずれかの言語あるいは変種に新たに晒されるか,どの程度その言語を積極的に使用するかにかかっている。)

したがって,個人の言語能力というのは,ちょうど,フラスコの中の液体が別の液体を加えられる度に,時には劇的に時には軽微に化学反応していく溶液に似ている。もちろん,どの液体が,どの液体に影響を与えているのかを特定することはそう簡単ではない。しかし一つだけ確かなのは,複数の液体が混入してできた溶液は,フラスコに最初に入れられていた液体とは明らかに異なる液体になっていることである。マルチコンピテンスという化学反応は,第2言語ユーザの第2言語能力の程度や,母語と第2言語,あるいは第2言語と第3言語などの言語的な距離,インプットの質や量,使用の頻度,学習の文化的・社会的なコンテクストなどによって左右されることが考えられる。いずれにしても,フ

ラスコの中の溶液のように，マルチコンピテンスは状況に応じて絶えず変容し続ける一つの全体的なシステムなのである。

以下の節では，このような動的なマルチコンピテンスを研究していく上での具体的な研究課題について検討していく。マルチコンピテンスの登場以前は，あまり本格的には問題視されてこなかった，第2言語が母語に与える言語的な影響，すなわち逆行転移（reverse transfer）という現象を扱う課題が中心となる。

具体論に入る前に，ここで触れておきたい重要な点がある。複合言語を学習することのマクロレベルでの効果とミクロレベルでの効果の明確な区別である。これまで行われてきたバイリンガル研究においては，第2言語の学習はメタ言語意識（Vygotsky (1962), Cummins (1976, 1979), Yelland, Pollard and Mercuri (1993), Bialystok (2001), Bialystok and Barac (2013)）や問題解決スキル（Peal and Lambert (1962)），認知的柔軟性（Iano-Worrall (1972), Bialystok (1986)），創造性（Simonton (2008)），実行制御（Bialystok and Barac (2013)）など，いずれの面においても，モノリンガルより第2言語話者のほうが，概して優位にあるとされてきた（村端 (2013)）。これらは「マクロレベル」の認知スキルへの効果ということができる。マルチコンピテンスが主として問題としてきたのは，このようなマクロレベルでの効果ではなく，複数言語の言語特性に異なる点があれば，それはそれぞれの言語自体にどのような影響を与えるのか，あるいは人の認知や思考にどのような影響を与えるかという「ミクロレベル」の視点での問題である。このようなミクロレベルの視点からの言語の変容，特に，音韻，語彙（意味），統語，語用・談話の各レベルでのマルチコンピテンスについては，すでに第2章で見てきたので，ここでは今後のさらなる研究を期待したい二つの研究課題について触れていきたい。

4.2.2. 影響が現れる閾レベルはあるのか？

　第2言語が第2言語ユーザの母語に影響を与えるとすれば，どの程度の第2言語の知識があればそれは可能なのだろうか。影響がでる閾（境目）レベルのようなものはあるのだろうか。これまでの研究で対象となった参加者はどちらかと言えば上級の英語ユーザが多く採用されてきた。言語による影響があるとすれば，その影響による違いを容易に比較できるからである。したがって最初級の参加者を扱った研究は極めて少ない。筆者らが知り得る範囲では，最初級程度の参加者を対象とした研究は，第2章で取りあげたハラダ（Harada (2007)）と第3章で取りあげた村端（G. Murahata (2010a)），ブラウンとグルバーグ（Brown and Gullberg (2012)）の研究だけである。ハラダと村端の研究では，小学校児童を参加者とした研究で，どちらも母語である日本語に第2言語学習の影響が見られた。

　ブラウンとグルバーグの研究を少し詳しく見てみよう。2人は，モノの「動作（Motion）」についての日本語と英語の「様態（Manner）」と「経路（Path）」の表現方法の違いに着目して，英語を第2言語とする日本語話者の母語の変容について調査した。参加者は，20歳から47歳の日本語母語話者40名で，英語との日常的な接触の違いによって3グループに分けられた。第一のグループは英語を日本の学校だけで学び，学校卒業後は日常的には英語を使用していない日本語モノリンガル群で，第二のグループは英語を学校で学び，英語圏での生活経験はないが，日本で英語を日常的に使っている外国語としての英語ユーザ群である。そして第三のグループは，日本の学校で英語を学び，現在英語圏で半年程度から8年以上生活している第2言語としての英語ユーザ群である。ブラウンらは，第一のグループを日本語モノリンガル群

と，第二のグループを第2言語最初級群，第三グループを日英のバイリンガル群と位置づけて調査を行ったのである。調査の結果，日本語モノリンガル群と後者の2群では，動作を表す表現方法に違いがあることがわかった。その結果，さほど第2言語に晒されずとも，マルチコンピテンスをもつ人の母語には変容が現れる，とブラウンらは結論づけたのである。

ここで注意したいのは，この実験の参加者は，ほとんどが高等学校以上の高等教育機関で英語を学習した経験のある人たちであることである。学校教育の中でどの程度の英語力を身につけられたのかという疑問は残るにせよ，中学校・高等学校の6年と大学での2年程度，少なくとも8年間の学習経験があるのである。さらに，ブラウンらの説明によると，第2のグループは日本で英語を日常的に使っている集団である。とすれば，「ほとんど第2言語に晒されていない」と判断するのはいささか疑問が残る。この研究の場合，モノリンガル群と後者の2群で大きく異なるのは，日常的に英語を使っているかどうかの違いである。ブラウンらが得た結果は，「日常的な英語使用の有無」が主要因である可能性は否定できない。

ハラダの研究にしても，村端の研究にしても，英語に接する機会が長いか（多いか），短いか（少ないか），というように，極めて大雑把な基準でグループ分けが行われていた。第2言語の知識の程度でグループ分けするなど，より客観的な指標を持って実証研究を行っていく必要があるだろう。いずれにしても，これらの研究が目指したように，第2言語が母語に影響を与える閾レベルを探ること自体は，理論的にも教育的にも非常に重要な研究課題である。現在，わが国では小学校から本格的な英語教育が始まろうとしているが，小学校英語の効果を見る上でもマルチコン

ピテンスに根ざした，このような実証的研究が一層望まれるだろう。

4.2.3. 第 2 言語の影響を受けた母語は第 2 言語ユーザが属する社会にどう評価されるのか？

　第 2 言語の習得の結果として母語に変容が現れるという研究結果が多く見られるようになると，いったい母語話者の立場はどうなるのかという疑問が生じてくる。マルチコンピテンスを有する第 2 言語ユーザの母語が第 2 言語の影響を受け，モノリンガルの母語とは質的に異なるものになるとすれば，母語の社会が，それを逸脱したもの，間違ったもの，奇妙なもの，などと捉えるのだろうか。あるいは肯定的に捉えて受け入れられるのだろうか。

　たとえば，日本人英語ユーザが英語の影響を受けた日本語を使ったり，極端な場合，まるで英語のような日本語を使うとすれば，日本語のモノリンガルたちは，あるいは社会全体は，それをどのように受け止めるのだろうか。たとえば，英語の言語特性の影響である，とまでは現段階では断言できないが，日本語の無生物名詞に「たち」を付けて，

　　　「鉛筆たち」「椅子たち」「机たち」「自転車たち」

などのような日本語を耳にすることがあるが，平均的な日本語話者は，そのような表現をどのように感じるのだろうか。また，個性的なことばを使う芸能人は別として，一般の人々が普通の会話の中で，

　　　「わぁ〜お，ベリーきれいなフラワーたちね」

などと発話したらどうだろうか。このような課題を扱った研究調査はほとんど見られないが，「3言語方式（Three Language Formula）」（Laitin (2000)）を採用するインド社会で問われるような地域社会における言語衝突（language conflict）などの問題が，日本のように一つの言語が主として機能する社会でも問われ得る問題となるのだろうか。

4.3. 研究課題2：第2言語ユーザの思考は異なるのか？

4.3.1. 「ことば」と「心」の関係

　第1章で述べたように，マルチコンピテンスの研究対象は，「ことば」だけではなく第2言語ユーザの「心」全体である。バイリンガルの言語的特徴だけを解明しようとした初期の第2言語習得研究の枠組みでは関心を寄せてこなかった領域である。言語と思考（心）の問題となれば，必ず引かれるのが第3章の冒頭で紹介したサピア・ウォーフの仮説，あるいは言語的相対性という考え方で，言語は現実に対する人の思考方法に影響を与えるというものである。

　このような言語と思考との関係についての実証研究の第一の波は1950年代後半に見られ，主に文化人類学の分野で興った。その後，言語学や心理学の分野で研究が続けられ，研究手法も徐々に洗練度を増してきた。そして1990年代後半になり，社会心理学や発達心理学の分野で言語とモノの分類法などの関係についての研究が行われ，それらの研究で得られた研究成果や使用された研究手法がマルチコンピテンス研究に大いに活用されるようになった。母語の世界において，母語が人の思考に何らかの影響を与えているとすれば，同じ自然言語である第2言語が第2言語

ユーザの心にも影響を与えている可能性があるという研究の基盤ができたのである。その結果，第2言語習得の研究領域は，言語領域からカテゴリー化や概念化，色の認識，モノ，文法的性，空間，感情，時間，動作などの認知領域へと拡大していった。そのような研究領域から生まれた新しい概念に，

「概念の溶込 (concept merging)」(Ameel et al. (2005))
「概念転換／転移 (conceptual shift/transfer)」(Jarvis and Pavlenko (2008))
「バイリンガル認知 (bilingual cognition)」(Cook and Bassetti (2011))
「複合的認知 (multi-cognition)」(G. Murahata (2010b))
「知覚転換 (perceptual shift)」(Athanasopoulos et al. (2010))
「認知的再構築 (cognitive restructuring)」(Athanasopoulos (2006))

などがある。

　第3章の「マルチコンピテンスを検証する実証実験」の節で，色やカテゴリー化，名詞と数とモノの認識，文法的性，動作についての研究事例をすでに紹介しているので，ここでは，第2言語ユーザの脳の構造はモノリンガルのそれとは異なるのか，という研究課題についてだけ述べていくことにする。

4.3.2. 第2言語ユーザの脳の構造は異なるのか？

　ここ20年間の研究で，思考方法が脳の物理的な構造自体に影響を与えていることが明らかになってきた。したがって，ペチットラ (Petitto et al. (2011)) が，人が複数の言語に晒されると神経あるいは言語の処理に違いが生まれ，言語ユーザにとっては有利

となると述べているのは首肯できる。そのような影響は短期的にも長期的にも見られる。クォックら (Kwok et al. (2011)) は，色に関する新しい語を学習すると脳に変化が見られ，それが3日間継続して観察されたと報告している。

またオスターハウトら (Osterhout et al. (2008)) は，さまざまな脳の測定方法を用いて調査すると，脳の構造的な変化は短期間に限らず，1年以上という長期にわたっても見られる現象であることを明らかにした。さらにバイリンガルの幼児を観察すると，生後わずか数ヶ月後にすでに脳に変化が見られたことから，脳の構造の変化は極めて初期段階の短期間の内に起こる可能性も示されている (Petitto et al. (2011))。また，さらに長期にわたって第2言語の影響が見られたのが，10年以上にわたって第2言語を学習した英語教師の脳梁の大きさである (Coggins, Kennedy and Armstrong (2004))。10歳の複合言語話者の脳に長期間にわたって大きな変容があったとする報告もある(Della Rosa et al. (2013))。

このような研究は，脳神経に関わる詳しい知識や精密な実験器具などの備えがなければ行うことは難しいだろうが，第2言語を学習することによって人の認知的なタスクに対する反応だけではなく，物理的なレベルでも脳に変容が生じているどうかを探る研究課題として大変興味深いものである。

第3章でも述べたように，これまで明らかになった第2言語の学習が第2言語ユーザの認知に与える影響というのは，それほど劇的なものではない。コミュニケーションが成立しなくなるとか，互いに理解できなくなるというような重大な差を生み出すものではないのである。たとえば，英語を習得することでモノの結びつきに変化が現れたり，文法的性を持つ言語を学ぶことでモノに対するイメージが変わったり，新たな動詞の時制を学ぶこと

で動作の異なる側面に注意を払ったり，というような第2言語の影響を見てきた。

このように分類方法や印象の受け方と言った認知行動そのものを見るほかに，何らかの課題を遂行する際の理解の正確さや，反応や情報処理の速さを見ることで言語の影響を探ることもある。繰り返すが，マルチコンピテンスで扱うことばの影響とは，個人の行動を見て「英語話者だ」とか「ドイツ語話者だ」などとわかるようなものではなく，ある言語集団全体の反応を見た場合に他の言語集団の反応とは異なり，統計的な処理をすると有意差が認められるというレベルのものである。とはいえ，たとえそれが軽微な差であったとしても，有意な差が認められる以上は，少なくとも調査の対象にした認知のその部分では，第2言語は第2言語ユーザの心に反映されているというのは決して無視できない現象である。

4.4. 研究課題3：マルチコンピテンスは第2言語の教授と学習に影響を与えるのか？

4.4.1. 「学習者」観の転換

本書でこれまで見てきたように，第2言語ユーザのマルチコンピテンスを「ことば」と「心」という観点から改めて検討し直してみると，従前の第2言語習得研究では見えなかった，ユニークな特徴が浮かび上がってくる。これまでもそうであったように，第2言語の教授・学習は，教育哲学的な原理・原則や外国語（第2言語）教育政策をはじめ，教室での実際の指導技術にいたるまで，多方面にわたって第2言語習得研究で得られた知見を理論的な拠り所としてきた。そうであるとすれば，本書で見て

きたようなマルチコンピテンスを枠組みとした研究の成果は，果たして第2言語の教授・学習にどのような方向性を示すのかが今後の重要な研究課題となる。

「学習者」という用語に付随する負のイメージを払拭するために使われている「ユーザ」に象徴されるように，「第2言語を学んだり使用する人間」をどう見るか，その「本質」をどう捉えるかが大きく変わってきたのである。それと平行して，第2言語ユーザの言語知識や言語能力，思考・認知の捉え方も大きく変わってきた。

そのような「学習者」から「ユーザ」への学習者観の大きな転換にそって問うとすれば，

1) 第2言語ユーザが目指すべきロールモデルは誰なのか
2) 第2言語学習のゴールはどこに設定すればよいのか
3) 第2言語ユーザの母語は教室では使用すべきではないのか
4) 第2言語の教師は母語話者が一番望ましいのか
5) 第2言語ユーザの言語能力はどのように測定・評価すればよいのか

などの研究課題が考えられる。1) から3) までの研究課題に関しては，次章の英語教育への示唆のところで触れるので，ここでは4) と5) の研究課題について検討していくことにする。

4.4.2. 教師は母語話者が一番望ましいのか？

マルチコンピテンスの前提の一つに，第2言語ユーザというのは母語話者とは独立した存在であるという主張がある。この考え方は，理想の英語教師は英語の母語話者である，という信念に

疑いを投げかけることになる (Phillipson (1992))。現実的には，世界的なレベルで見れば非母語話者の教師の数が母語話者の教師のそれを圧倒しているのは言うまでもない。たとえば，平成 24 年 12 月現在（文部科学省 (2012)）のわが国の英語教員数は以下の通りである。

　□日本語を母語とする英語教員の数
　　中学校英語教員　30,697 名
　　高等学校英語教員　23,810 名，合計 54,507 名
　□英語を母語話者とする英語教員（ALT）
　　中学校　8,050 名
　　高等学校　2,635 名，合計 11,140 名

これらの英語教員の中には，日本語と英語の両言語が母語といってもよい教員がいる可能性はあるが，それを差し引いたとしても，非母語話者の英語教員数は母語話者の約 5 倍である。しかも，ALT (Assistant Language Teacher) は正規の教員ではなく，あくまでも助手の役割を果たす補助教員であり，英語の授業を主として行うのは非母語話者の教員である。

　このような現状であるにもかかわらず，英語圏に限らず，わが国のように英語を外国語として教育する状況においても，英語母語話者をベストの教師とする「誤った母語話者信仰 (the native speaker fallacy)」(Phillipson (1992)) が広く受け入れられているのである。村端（Y. Murahata (2006)）はこのような状況に一石を投じるために，母語話者は本当に理想の英語教師なのか，という趣旨の論考を発表した。その中で，非母語話者は言語学習というコンテクストから見て何が最適かをより知る立場にあり，一方母語話者は言語使用というコンテクストから見て何が最適かをより

知る立場にある (Widdowson (1994))，というウィドソンのことばを引きながら，それぞれの有利な点と不利な点についてさらに議論を深め，それぞれの教師力を高めていくことが必要であると指摘した。教師というものは，育てられるべきものであって，生まれながらにして資質が備わったものではないのである (Phillipson (1992))。

わが国の英語教育政策を見ると，英語母語話者の教員 (ALT) をさらに増やし，かつ正規の授業を単独でも担当できる教員 (ALT) を積極的に採用しようとしている（文部科学省 (2014)）。このような政策を全面的に否定するつもりはないが，もしそれが母語話者信仰のような誤った信念に依拠するものであれば，英語教育改革は必ずしも良い方向には進まないだろう。

英語教師として望ましいのは，非母語話者か母語話者か，というような二者択一的な議論に終始しても問題は解決しない。そういう課題の解決の仕方ではなく，より現実的な視点に立って第2言語習得研究の成果にもとづきながら，冷静にバランスの取れた議論をしていくべきものと考える。

また，英語ユーザとしての日本人英語教師は，自身をどのように捉えているのか，という疑問も重要な研究課題となる。日本国内で生活していれば真の意味でのコミュニケーション目的のために教室外で英語を使用する機会はあまりなく，教室で英語を教えるためにだけ英語を使用するという英語教師は少なからず存在するだろう。そのような状況にあっても，自身を英語ユーザと認めるのだろうか。本書で見てきたように，英語ユーザは不完全な英語を話す欠陥のある人間ではない。一つの全体的システムとしてのマルチコンピテンスと複合的認知を有するユニークな存在である。教師自身はどの程度このことを認識しているのだろうか。こ

の種の問題を課題として調査する研究も今後一層重要となるだろう。

4.4.3. マルチコンピテンスは何を基準に測定・評価すればよいのか？

これまで見てきたように，マルチコンピテンスという概念は，第2言語習得研究や外国語教育，バイリンガル教育，認知心理学，脳神経科学など，幅広い分野で影響を及ぼしてきた。しかし，マルチコンピテンスをどのように測定・評価するのかという研究はあまり進んでいない。本書の「はしがき」では，第2言語ユーザの言語知識・能力を記述しようとする場合，母語話者のそれらを基準（benchmark）とするのは適切ではないと述べた。また，「第2言語ユーザの人権」の節では，標準英語と社会的方言の比較を例に引き，母語話者の基準に合わないからといって第2言語ユーザの言語を批判するべきでないということも述べた。では，いったい，どのような観点からマルチコンピテンスを測定・評価していけばよいのか。これは，まさに「ことばを知るというのはどういう意味か」「複数の言語を知るということはどういうことか」という，マルチコンピテンスの概念規定に直接関わる重要な課題である。

これまで第2言語習得は，母語話者の言語知識・言語運用能力を基準に測定されてきた。第2言語ユーザは，何を知り，何ができ，それらは母語話者と知識・運用能力とどの程度異なるのか (Davies (1991)) という視点から評価されてきたのである。ブラウン（Brown (2013)）は，マルチコンピテンスを有する第2言語ユーザの言語知識や運用を評価するためにはこのような母語話者基準の代案となる基準が必要であると主張している。まだ議論は

理論的なレベルに止まっているとしながらも，能力の高い第2言語ユーザの特徴を分析しながら，以下のような言語領域やスキルごとに今後の研究において検討していくことを提案している。

1) 語・文の理解と産出の速度
   第2言語ユーザの語や文の理解，産出にかかる時間はいずれも母語話者よりも長いと言われている。したがって有能な第2言語ユーザは，語・句・文を理解したり，発話したり，書く時に語・表現を思い出したりする際に，平均的にどのくらいの時間（流暢さ基準）がかかるのか。

2) 発音
   発音は第2言語ユーザのマルチコンピテンスに最もよく目に見えて現れる特徴である。個々の分節音素や非分節音素の特徴を云々するのではなく，あくまでも「理解しやすさ（intelligibility）」で評価すべきである。第2言語ユーザの音声的な特徴が，実際のコミュニケーションにどのような影響を及ぼすのか。

3) 語彙
   マルチコンピテンスの特徴の一つにコード・スイッチングがある。この第2言語ユーザに特有の言語使用スタイルについては次章でも触れるが，第2言語ユーザの情意面や実際のコミュニケーション場面での機能を考えると，必ずしも否定されるべきものではない。どのような場面で，どの程度の頻度でコード・スィッチングすることが伝達を成功させる上で効果的なのか。

また第 2 言語ユーザの語彙サイズは一般的に両言語の母語話者よりも小さいと言われているが，有能な第 2 言語ユーザの語彙サイズはどの程度なのか。さらに語の意味については言語間に大きな違いが存在する領域である。特定の複数言語を身につけた有能なユーザの語彙知識を詳しく調査する必要がある。

4) 文法

主語を選択する場合の手がかりとして語順を優先するか，名詞の種類（生物・無生物）を優先するか，など言語間に相違点がある場合，第 2 言語ユーザは両方の手がかりを混用する可能性がある。有力な評価基準となるのは上級第 2 言語ユーザのそれぞれの使用頻度である。

5) 語用

「要求」などの発話行為を行う際に，直接的表現を使用するか，間接的表現を使用するか，言語間に相違点がある場合，第 2 言語を習得することによって身につけた語用のスタイルはコミュニケーションの際にどのような効果をもたらすのか。

6) 談話の構成スタイル

複数言語の交差影響の結果として構成される第 2 言語の談話が，結束関係や読み易さにどの程度影響を与えるのか。

　第 2 言語ユーザのマルチコンピテンスは何を基準に測定・評価すればよいのか，の問いに対しては，「有能な第 2 言語ユーザ」

の言語運用であり「第 2 言語の母語話者」ではない，としか現段階では言いようがない。今後の研究の成果が待たれるところであるが，その際に誰が評価するのが適切か，母語話者か，有能な第 2 言語ユーザか，という課題も無視することができない重要な課題である。

4.5. マルチコンピテンスの研究方法

4.5.1. 三つの前提と研究の視点

それではマルチコンピテンスの概念は第 2 言語習得研究の方法論にどのように関わるのかについて，これまで述べてきたマルチコンピテンスの前提（Cook (to appear)）にそって見ていくことにしよう。

まず第一の前提は，マルチコンピテンスは一つの心の中にあるすべての言語の総体システムを射程に入れていることである。したがって理想的にはマルチコンピテンスにもとづく第 2 言語習得研究は，個人，あるいは地域社会の言語すべてを研究対象とすべきである。第 2 言語だけを取り出して研究するのは，全体像の一部しか見ることはできない。たとえば第 2 言語の文法的性に関して調査をする場合は，母語の文法的性の特徴を知る必要がある。しかし，母語の知識を固定的に捉え，それを前提に研究を行うのは危険である。なぜなら第 2 言語ユーザの母語は，もはやモノリンガルの母語とは量的にも質的にも異なっているからである。マルチコンピテンスを構成する多言語の交差影響による関係というのは，それが転移であれ，忘却であれ，何であれ，第 2 言語習得研究の核であり，もっともユニークな点であるということを忘れてはならない。

第二の前提は，マルチコンピテンスは，母語話者に依存するものではないということである。これも何度も述べてきたことであるが，理想的な第2言語習得研究というのは，第2言語ユーザの言語システムそのものを研究対象とすることである。モノリンガル母語話者の不完全な模倣品のように第2言語ユーザのシステムを捉えるべきではない。第2言語習得研究の基準は，母語話者ではなく第2言語ユーザ自身なのである。ただし，モノリンガルとバイリンガルを比較することまで排除しようとしているのではない。比較からはそれぞれの特徴に関する有益な情報が得られるからである。排除しようとしているのは，一方を他方の不完全なバージョン，質の悪いシステムと見るような比較である。母語話者を基準とした研究では，第2言語習得のユニークな側面を見逃してしまう可能性がある。いわば，他の言語学の領域でとられているアプローチのように，どのようにあるべきかという「規範的」ではなく，どうあるかという「記述的」であるべきなのである。

第三は，マルチコンピテンスは「ことば」に限らず「心」全体に関わるという前提である。したがってマルチコンピテンスに依拠する研究では，ことばを複雑な認知システムと関わりをもつ一つの認知システムと捉えている。そのため，ことばと概念構造，ことばと記憶システム，ことばと知覚，ことばとカテゴリー化のような関係を対象とすることになる。

このように三つの前提を考えると，これまでの第2言語習得研究でデータ収集のためによく使われてきた研究手法の文法性判断テスト（grammaticality judgments）や誤り識別・訂正（error recognition/correction），誤答分析（error analysis），穴埋め問題（fill-in-the-blanks），義務的生起箇所（obligatory occasions）な

どは，すべて母語話者を基準としたものであることがわかる。

4.5.2. マルチコンピテンスの研究デザイン

マルチコンピテンスの研究デザインで一般的なのは，第2言語がよくできる人と，そうではない人のことばや認知を比較することである。したがって，重要な変数となるのが第2言語能力の差で，多くの場合，能力差のある二つのグループを参加者とする (Athanasopoulos (2006), Cook et al. (2006), Y. Murahata (2012) など)。一つのグループはモノリンガル群と呼ばれ，第2言語の知識はあったとしてもごく限られた人たちである。もう一つのグループはバイリンガル群と呼ばれ，第2言語の知識は高く，日本語・英語のバイリンガルグループの場合は英語圏で学ぶ日本人大学生であることが多い。

このように明確に二つのグループに分けることはそう簡単ではない。完全なモノリンガルを見つけるのは困難だからである。たとえば，わが国在住の日本語話者にしても，ほとんどが中学高校段階で外国語を学ぶ機会があるうえ，各種メディアを通して日常生活の中で知り得る外国語もあるので，外国語の知識が全くない日本人を探し出すのは容易なことではない。第3章で見てきたさまざまな実証実験の日本語のモノリンガルと呼ばれた参加者群の属性をもう一度整理してみよう。

　実験に参加した日本語モノリンガル群の属性例
　〇日本の学校を出た後にアメリカ在住1年未満（6ヶ月から
　　12ヶ月）(Caskey-Sirmonns and Hickerson (1977)) の日本人
　〇海外での2週間以上の滞在経験はなく，Nation (1990) の
　　語彙力テストの平均値が90満点中49点以下の日本の大

学で学ぶ大学生（Athanasopoulos et al. (2011)）
○日本在住の 2 歳から 14 歳までの小人と立命館大学の学部生と大学院生（Imai and Gentner (1997)）
○英語圏での滞在経験のない，日本在住の大学生（Athanasopoulos (2006)）
○日本の学校を卒業し，英語を日常的に使用していない，20 歳から 47 歳までの日本在住の日本人（Brown and Gullberg (2012)）

このように参加者の属性は多様であるが，これらすべての実験に参加者したモノリンガルというのは，純粋の意味でのモノリンガルではない。むしろ，「最小バイリンガル（minimal bilingual）」「低バイリンガル（low bilingual）」「準モノリンガル（semi-bilingual）」あるいは「疑似モノリンガル（quasi-monolingual）」などと呼んでもよいかもしれない。

このような状況は，世界のどの地域に住んでいる人たちにとっても似たようなものである。一つの言語しか知らない人が珍しい状況なのである。したがってこのようなグループは，単に概念的な前提をもって規定するのではなく，何らかの客観的な指標をもって分けられるべきだろう。そもそもこのようなグループを用意するのは，言語の影響を見るために第 2 言語ユーザは「最小バイリンガル」（疑似モノリンガル）と同じような反応を示すのか，異なる反応を示すのか，を検証するための統制群である。しかしマルチコンピテンス研究では，このような統制群は母語話者基準に依存してきた過去の第 2 言語習得研究のように，第 2 言語ユーザの知識・運用の出来，不出来を判断するためのものではないことは強調しておかなければならない。

また，いわゆる実験群として参加する第2言語ユーザの第2言語能力を測定することも研究の一環として必要なことである。第2言語能力と種々の反応との相関関係を探るためである。たとえば，第3章で触れた村端（Y. Murahata (2012)）のカテゴリー化に関する実験研究では，語彙力テスト（Nation (2001)）のスコアにもとづいて，日本人英語ユーザは4グループに分けられた。また実験の結果得られたカテゴリー関係判断のスコアとテストのスコアの相関も見ている。グループ比較をするため，各グループの人数がほぼ同数になるようにした結果，126点満点で各グループの平均値は，13.2点，58.3点，97.5点，120.2点となった。英語の能力を見るために他の研究者たちもしばしば利用しているNation (2001) の語彙力テストとは次のようなものである。参加者は，右の三つのそれぞれの語（語句）の意味と最も一致する語を1から6の中から選ぶというテストである。

（2000語レベル）

1. original　　　☐ complete
2. private
3. royal　　　　☐ first
4. slow
5. sorry　　　　☐ not public
6. total

（5000語レベル）

1. alcohol　　　☐ cloth worn in front to protect your
2. apron　　　　　clothes
3. lure
4. mess　　　　☐ stage of development

5. phase
6. plank
   □ state of untidiness or dirtiness

このほかに，比較的問題数が少なく，簡単に実施，採点ができる *Quick Placement Test*（Oxford University Press（2001））やオンラインで利用できる *Oxford Placement Test*（2010）（図4.1参照）が使われることも多い。

4.6. 今後の課題

それでは，第2言語ユーザのマルチコンピテンスを実証的に研究していく上での今後の課題は何だろうか。以下，4点について触れてみたい。

まず第一に，これまでの研究では，第2言語ユーザの「ことば」と「認知」を探るため，実験の参加者にさまざまなタスクが与えられ，その反応に違いが見られるかを調査してきた。この種の実験を行う際に留意しなければならないのは，実験デザインが多少なりとも異なれば，刺激することばや思考の側面も異なり，異なる結果・結論となり得ることである（Malt and Sloman（2007））。

たとえば，モノのカテゴリー化の実験では，参加者には言語刺激として「ムハバ」であるとか「カベト」などのような新奇な名前を与えてきたが（Cook et al.（2006），Y. Murahata（2012）），言語刺激を全く与えない場合でも同様の結果が得られるのかを検討していく余地はある。また刺激として言語を使用する場合でも，動作の認識に関する研究事例（Boroditsky, Ham and Ramscar（2002））として紹介した英語とインドネシア語のバイリンガルの場合のよ

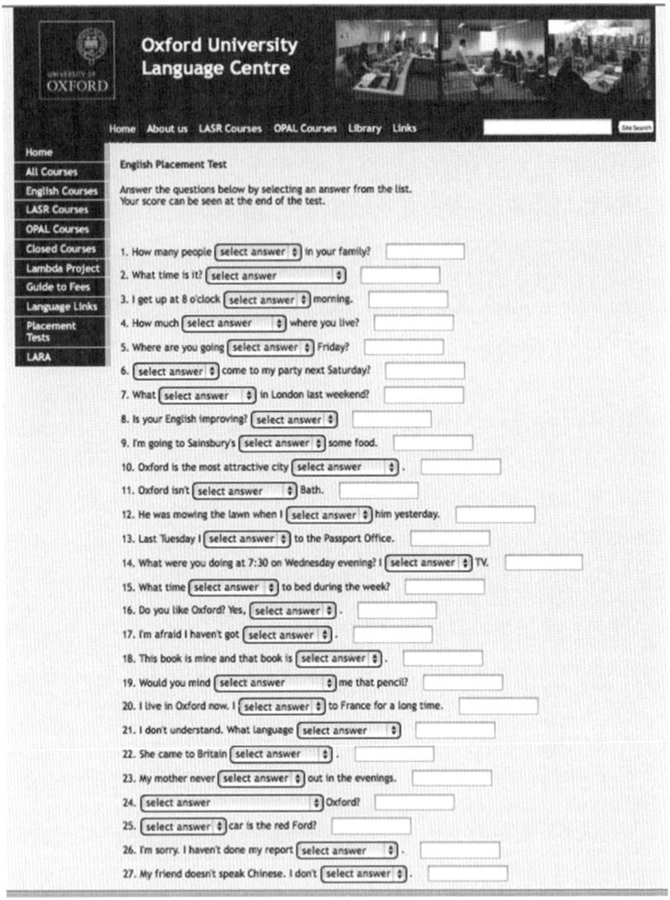

図 4.1 Oxford Placement Test (Oxford University Language Centre)
http://www.lang.ox.ac.uk/courses/tst_placement_english.html

第4章　マルチコンピテンスの研究課題と研究方法　　167

うに，母語を使用するか，第2言語を使用するか，によって異なる結果が得られる場合があることにも留意しなければならない。

　データの信頼性を高めるもう一つの方法としては，同一参加者に複数のタスクを与えて検証することも考えられる。さらに心理学や脳神経科学などで開発された，無意識レベルでの反応を測定する実験手法も有効であろう。たとえば反応内容自体ではなく，反応速度（reaction time）(G. Murahata (2010a)) や視線追跡（eye-tracking）(Cook et al. (in progress)), 事象関連脳電位（ERP: event-related brain potentials）(Thierry et al. (2009)) などの実験方法も近年の第2言語習得研究で利用されるようになってきている。

　第二に，これまでの研究では，第2言語の発達と母語・認知との関係を探る際には，第2言語能力の異なるグループ間（inter-speaker あるいは inter-group）の比較が行われてきた。いわば疑似の縦断的研究である。第2言語習得の母語や認知に与える影響を発達という視点から探っていくためには，一個人あるいはグループ自体の第2言語発達過程において（intra-speaker あるいは intra-group），いつ，どのような影響が現れるのかを追跡調査するという，真の意味での縦断的研究が望まれる（Jarvis and Pavlenko (2008), Pavlenko (2011)）。

　第三に，上級のバイリンガルグループを第2言語使用環境に求めない，ということも実験デザインの大切な一部になり得る。第3章の色の認識に関する一つの研究事例を紹介した際に，認識の変容が顕著に見られたのは，英語圏での英語使用の頻度が高くなる場合であった。つまり，色に対する認識の変容は，ことばによるものか，それとも文化によるものか，いずれかを特定する

ことは困難であるという問題が生じるケースもある。そのような問題を避ける一つの方法としては，村端（Y. Murahata (2012)）が行ったように，文化的な要因を全くゼロにすることは困難であるとしても，同じ生活環境に住む参加者グループを比較していく必要があるだろう。

　第四に，私たちの知る限り，これまでの実証研究は，すべて実験室での実験のように，実験者の意図によって仕組まれた状況でデータが誘発されたものである。すでに述べたように，与えるタスクによって得られるデータの質量にばらつきがでる可能性もあることを考えれば，実験室ではなく，できるだけ日常生活の中での自然で自発的な言語理解・使用を研究の対象とすることが望ましい。

第 5 章

マルチコンピテンスの英語教育への示唆

この最終章では、第2言語ユーザが有するユニークなマルチコンピテンスのこれまでの議論から見えてくる、わが国英語教育への示唆を検討する。さまざまな示唆が浮かび上がってくるが、ここでは特に重要と思われる、1）日本人英語ユーザが目指すべきロールモデルは誰なのか、2）英語授業での母語（日本語）使用は避けるべきなのか、3）英語教授・学習では訳読活動は意味がないのか、4）英語教育の目標はどこに設定するべきなのか、5）日本人英語ユーザはマルチコンピテンスユーザとしてどのような自覚を持って英語に向き合えば良いのか、の5点に絞って検討していくことにする。

5.1. 日本人英語ユーザが目指すべきロールモデル

マルチコンピテンスの枠組みでは、どのような人が英語ユーザの目指すべき理想のロールモデルになるのだろうか。英語の母語話者のように英語を話せるようになりたい、と努力を重ねる人がいるとすれば、その人にとって最良のロールモデルは英語の母語話者ということになるかもしれない。しかし、私たちのように英語を第2言語とする第2言語ユーザが英語母語話者のレベルに達する可能性の低さという現実を見れば、私たちの目指すべきロールモデルは再考すべきであると考える。マルチコンピテンスという視点からみれば、英語の母語話者は英語ユーザの理想のロールモデルとは言えないからである。

これまでの第2言語習得研究で繰り返し指摘されてきたのは、母語話者なみに達する第2言語ユーザはわずか数パーセント、

第5章 マルチコンピテンスの英語教育への示唆　　171

ある研究者によると5%未満である (Selinker (1972)) という事実である。裏を返せば，95%以上が失敗するという現実である。この現実を直視すれば第2言語ユーザが決して到達できない英語の母語話者は，私たちの目標として適切な存在であるとは思われない。

ことにわが国の英語教育がおかれている状況のように，教室外での第2言語（英語）使用が限られ，主として将来的な第2言語使用の可能性のために学習が行われる環境での外国語学習では，母語話者をロールモデルにするのは非現実的である。私たち英語ユーザが目指すべきロールモデルは誰かと言えば，それは英語母語話者ではなく，何らかの目的達成のために「首尾よく英語が使える英語ユーザ (successful English users)」なのである。これまで本書で繰り返し述べてきたように，第2言語のレベルはどうであれ，第2言語ユーザは不完全な人間でも，言語能力に欠陥のある人間でもない。大切なのは，多言語社会に生きる人たちと建設的な人間関係を築き，相互に信頼のある雰囲気の中で互いに求める情報を交換し合ったり助け合ったりして，社会的な機能を果たすために第2言語がうまく使えるかどうかなのである。

英語母語話者という基準を英語教育の目標から外してみると，英語を第2言語とする英語ユーザには非現実的で不必要な言語使用や指導内容を英語教育プログラムから外すこともできるようになる。英語ユーザが将来的に必要とされるものを指導していけば良いからである。日本人英語ユーザが上で述べたような目的達成のために英語が使えたとしたら，それは「成功」とみるべきであり，たとえ英語母語話者の基準から逸脱しているところがあったとしても，それは「失敗」と見るべきではないのである (Cook (2007))。

ライトバウンとスパーダ (Lightbown and Spada (1999)) もまた，第 2 言語の母語話者に匹敵する言語知識を獲得することが，すべての第 2 言語学習やすべての学習環境に適する目標ではないとして，過度の母語話者依存に警鐘を鳴らしている。わが国の英語教育で求めるべきは，他の地域や国で展開されている英語教育の内容と方法を無批判に持ち込むのではなく，日本人英語ユーザに最適で，日本の置かれている環境にマッチした，より現実的な英語学習・教授プログラムの開発を進め，将来的に社会的な目的を達成することのできるマルチコンピテンスを有した英語ユーザを育てていくことだろう。

5.2. 英語授業での母語（日本語）の使用

　マルチコンピテンスを支持する人たちは，教室での母語使用の完全排除論に対しても疑問を呈している。母語使用の排除論には，いくつかの背景がある。まず第一に，母語習得過程と第 2 言語習得過程を同一視し，幼児がその母語を獲得していく言語環境を第 2 言語学習でも再現することが重要だとする考え方である。第 2 言語ユーザがインプットとして必要なのは目標言語であって母語ではない，という考え方がその背景にある。

　第二に，コミュニケーション重視の言語教育の流れにそって，教室では第 2 言語の使用につとめ，母語の使用は避けるべきだという考え方である。教室での母語使用は，第 2 言語学習の阻害要素にもなりかねない。ことばの学習が成立するのは，コミュニケーション目的のために目標言語を使用する機会が与えられる時のみである (Richards and Rodgers (1986))。このような学習理論にもとづいた考え方である。

文部科学省は2020年の東京オリンピック・パラリンピックを見据え，新たな英語教育が本格展開できるように，2013年12月に「グローバル化に対応した英語教育改革実施計画」を発表した。その中で，授業での英語使用について次のように明記している。

　　□中学校の英語の授業は「英語で行うことを基本とする」
　　□高等学校の英語の授業は「英語で行う」

これから読み取れるのは，中学校英語の授業においては，大多数の生徒の母語であり共通言語である日本語は基本的には使用しないこと，高等学校英語の授業においては，完全に排除するというものである。この文部科学省の方針は，上で述べた，これまでの言語習得観と言語教育観をベースにしたものだろうが，本書で述べてきた第2言語ユーザのユニークさやマルチコンピテンスの考え方を取り込む余地は残されていないように思う。

　第2言語ユーザのことばの学習や使用というのは，幼児が母語を習得する際のそれらとは根本的に異なる。英語ユーザというのは，日本語，英語，どちらの母語話者とも異なる存在なのである。複数（二つ）の言語と認知システムが一つの「心」の中で織り交ざって，一つの全体的システムを成しさまざまな形で機能している。したがって，授業の中では，それらの言語を切り離して個別的に捉えるべきではないのである。教室は，第2言語ユーザが彼らのことばと認知のシステムを十二分に機能させることができるような場所にすべきである。

　誤解のないように付言すれば，英語の授業は日本語で行うべきである，とか，目標言語である英語は使用しなくてもよい，などと述べているわけではない。ことばの学習である以上，意味のあ

る状況で目標言語に触れることは当然必要である。ここで主張しているのは，第2言語ユーザの母語を教室から完全に排除すべきではなく，むしろ，必要に応じて効果的・効率的に使用することが教授・学習上，望ましいということである。

　今，国内外では，英語授業における母語使用，母語と英語の使い分け（コード・スイッチング（code-switching））の「重要性」が見直されている。

> [W]hen the mother tongue is banned from the classroom, the teaching leads to alienation of the learners, deprives them of their cultural identity, and leads to acculturation rather than increased intercultural communicative competence"
> (Phillipson (1992: 193))
> （教室での母語使用を禁じれば，そのようなもとでの教育は学習者に疎外感をもたらし，彼らから文化的アイデンティティを奪い取り，異文化間コミュニケーションの能力を高めるというよりは，むしろ文化変容を引き起こす。）

> [M]other tongue (MT), [*sic*] is indeed the mother of the second, third and fourth languages. It is from this womb that the new languages are born in the student's mind, so to exclude MT from the English classroom is like trying to wean a baby on day one of their life.
> (Deller and Rinvolucri (2002: 10))
> （母語というのは，第2，第3，第4言語のまさに母親そのものである。生徒の心の中で生を受ける新しい言語は，母語という子宮から生まれるのである。したがって，母語を英語の教室から排除するというのは，誕生したばかりの赤ちゃんを誕生のその日から離乳させ

ようとするようなものである。)

Learners' first language (L1) is a vital contributor to additional language development and to the learners' developing identities as second language (L2) users.

(Ellis (2013: 446))

(学習者の母語は，第2言語の発達と，第2言語ユーザとしてのアイデンティティの確立に極めて重要な貢献をする。)

[L]earners' linguistic repertories have a crucial role to play in learning English.　　　(Taylor and Snoddon (2013: 439))

(学習者が有している数々の言語知識は，英語学習において重要な役割を果たす。)

Allowing for an increase in L1 use between students when working with old or new material or in groups could help promote production of the L2. … The use of L1 should not be punished, and the use of L2 encouraged.

(Carson and Kashihara (2012: 47))

(生徒がペアまたはグループで既習・未習事項を学習する場合に，母語使用の度合いを増やしてもよいと認めれば，生徒の第2言語での発話量の増加につながることにもなる。(中略)母語の使用は罰せられるべきものでなく，そして第2言語の使用は奨励されるべきものである。)

[C]ode switching by the teacher should be considered a form of teaching strategy.　　　(Ahmad and Jusoff (2009: 50))

(教師によるコード・スイッチングというのは，教授方策の一つの形と考えるべきである。)

一方，英語を学ぶ側は，教室でのコード・スイッチングについてどう思っているのだろうか。カーソンとカシハラ（Carson and Kashihara (2012)）は，日本で英語を学習する大学生に，英語の授業における母語使用についてどう思うかを調査した。参加者は，大学で国際関係や情報科学を学んでいる1, 2年生305名である。参加者はTOEIC®のスコアによって5グループに分けられた。

調査の結果，英語力が上がるにつれて徐々に母語使用の容認度が下がっていた。容認度の幅は約80％から約40％であった。最上級グループの結果は大変興味深い。すなわち，40％程度の日本語を認めつつも，英語教師が母語（日本語）を使用することについては，参加者全員が容認しないという否定的な意見であった。つまり，学生同士の日本語使用はある程度は認めるものの，英語教師は英語を使って授業を行うことが望ましいと考えているのである。

このように，第2言語教室での母語の使用は排除すべきではなく，むしろ適切な場面で適切な様態で使用していくことが望ましいと言えるだろう。しかし，母語使用についてのマイナスも含めた具体的な学習の効果についての研究は十分なされていない。これまで報告されている効果というのは，ほとんどが第2言語ユーザの情意面や，教室における教師の支援に関するものである。たとえばアーマッドとジャソフ（Ahmad and Jusoff (2009)）や松本（Matsumoto (2014)）は，教師や生徒の母語使用が情意面（ラポール）や学習支援（サポート）に与える効果を次のように挙げている。

1) 情意面（ラポール）
活動の楽しさ，学習の満足感，緊張感の緩和，取り残

され感の軽減，授業への参加感，不安感の少なさ，協力感，自尊心
2) 学習支援（サポート）
新出語彙の理解，難解な概念の理解，文法の理解，タスクの着実な遂行，時間の節約，理解の確認，認知的な蓄積情報の活用

最適な母語使用とその教育的効果に関する本格的な研究が待たれるところである。

なおコード・スイッチングの教育効果自体を問題にしたものではないが，第2言語の談話で果たす役割に注目した興味深い研究があるので紹介しておきたい。オゲイン（Ogane (1997)）は，初級レベルの英語ユーザで45歳〜69歳の日本人女性5名を参加者に，どのような場面でコード・スイッチングをするかを観察した。以下が実際に観察されたコード・スイッチングの例である。

Fumi: Matterhorn. But *eh* I can I can get to the, I could *ne [ね]*, I could get to the uh *eh [え]* town …

T: I wore the earrings that I bought at the bazaar yesterday.
Maki: *Maa!* (Oh!) *[まあ！]* [laughs] Many earrings you bought.

Emi: Finish *ga [が]* October 14. (We finish on October 14.)

Maki: *Anoo [あの〜]* my lend was very long time. Thank

>   you very much. (I have borrowed this a very long time.)
>
> Remi: How was your mother? Walk uh *nani [何]* she took for a walk, uh took walk?

　これらの例をみると，何とか英語で円滑にコミュニケーションを図ろうとして，時間を稼いだり，相手に助けを求めたり，話を続けようと努力していることがうかがえる。オゲイン (Ogane (1997)) は，第 2 言語ユーザはコード・スイッチングを通して日本語母語話者としてのアイデンティティと英語を第 2 言語とする英語ユーザとしてのアイデンティティを同時に示そうとしているのではないかと述べている。興味深い見解である。

　さて，文部科学省は，英語教育改革を進めるためには英語による授業展開が不可欠と考えているようであるが，先ほども触れたように，母語使用と英語力との関係についての実証的な研究がほとんどないので，その因果関係を特定することは現段階では難しい。それでは，わが国の英語の教員は，実際，どの程度英語で授業を行っているのだろうか。どの程度，日本語を授業で使用しているのだろうか。平成 25 年度の実態を調査した文部科学省のデータがある。表 5.1 と表 5.2 は，中学校・高等学校の英語担当教員の英語の使用状況を示している。

　先ほどのカーソンとカシハラ (Carson and Kashihara (2012)) の研究では，学生は 40% 程度の日本語使用を好み，したがって，60% 程度は英語での授業を望んでいた。このカーソンらの結果と中学校と高等学校の実態を比較するため，上の各表の A と B の割合を加えてみた (50% 程度以上～100%)。英語使用率の幅は正確には一致しないが，生徒の期待と実情のおおよその比較は可

表 5.1 中学校英語担当教員の英語使用状況（数字は %）（平成 25 年度）

	1 年生	2 年生	3 年生
A	7.2	6.0	6.3
B	37.3	36.9	34.9
C	55.5	57.1	58.8

注) A：発話をおおむね英語で行っている（75% 程度以上），B：発話の半分以上を英語で行っている（50% 程度以上〜75% 程度未満），C：発話の半分未満を英語で行っている（〜50% 程度未満）

表 5.2 高等学校英語担当教員の英語使用状況（数字は %）（平成 25 年度）

	普通科			英語教育を主とする学科		
	コミュニケーション英語基礎	コミュニケーション英語 I	英語表現 I	コミュニケーション英語基礎	総合英語	異文化理解
A	7.6	15.1	13.5	47.8	47.2	51.3
B	29.3	38.0	33.3	19.6	28.5	28.5
C	63.2	46.9	53.2	32.6	24.3	20.2

注) A：発話をおおむね英語で行っている（75% 程度以上），B：発話の半分以上を英語で行っている（50% 程度以上〜75% 程度未満），C：発話の半分未満を英語で行っている（〜50% 程度未満）

能である．すると，中学校の英語教員の場合は，44.5%（1 年生），42.9%（2 年生），41.2%（3 年生）が 50% 程度以上の英語

使用をしていることになる。一方，高等学校の英語教員の場合は，普通科では，36.9%（コミュニケーション英語基礎），53.1%（コミュニケーション英語Ⅰ），46.8%（英語表現Ⅰ），英語教育を主とする学科では，67.4%（コミュニケーション英語基礎），75.7%（総合英語），79.8%（異文化理解）となる。英語教育を主とする学科の授業を担当する英語教員を除けば，全体的な傾向をみると50%以上の割合で英語を使用している教員が約40%程度に止まっている。また，中学校段階から学年が上がるにつれて担当教員の英語使用の割合が微減している。これらの数字をどのように解釈するかは別の問題として，わが国の中学校・高等学校の英語教員は，できるだけ英語を使用して授業を行い，かつ，日本語を排除せずに英語学習指導をしようとしている姿勢がうかがえる。

これから検討していくべきは，この実態調査で明らかになった数字をどのように上げていくか，つまり英語使用の割合をどのように上げていくか，という問題よりも，いつ，どのような場面において，どのような形で母語を使用すれば情意面や学力の面で効果があるのか，という問題であろう。第2言語の学習に，既存の言語的，認知的リソースをどのように活かしていくか，これこそがまさにマルチコンピテンスの考え方と一致する教育レベルでの研究の方向性である。

5.3. 英語授業における訳読活動

マルチコンピテンスと相容れない，もう一つの考え方が，英語学習からの訳読（translation）の追放である。日本人の英語力の低さが話題になれば，その原因は訳読式の指導法に求める議論が

第5章　マルチコンピテンスの英語教育への示唆　　181

今なお根強くある。たとえば，訳読に対する批判的な意見は枚挙にいとまがなく，

　□そもそもコミュニケーション活動の一環ではない
　□現実の生活場面と乖離している
　□母語と第2言語との一対一の対応関係という誤った信念
　　を植えつけてしまう
　□生徒が第2言語に触れる機会を少なくしてしまう
　□母語が第2言語に負の影響を与えてしまう
　□母語の学習にほかならない
　□すべての生徒に適した学習方法ではない

などと言われている。しかし最近の第2言語教育の研究領域では，訳読は役に立たないものでも非生産的なものでもなく，むしろ第2言語の学習に大いに役立つものであるという主張が数多く見られるようになってきた（G. Cook（2010），杉山（2013），Fernández-Guerra（2014））。G. クックは，第2言語を母語に訳す能力は，バイリンガルのコミュニケーション能力の中核を成すとまで述べている（G. Cook（2010））。これにしたがえば，訳読活動はマルチコンピテンスを育てる有力な手だての一つと考えることもできる。

　前節の，教室での母語使用のところでも述べたように，教室ではもっぱら訳読活動のみを行うべきであるとか，第2言語を使って直接意味を理解させるような活動は必要ないとか言っているのではない。ここで重要なのは，訳読というタスクを入れることで，意味の明確化や語彙統語的レベルや語用論レベルでの規則や原則の理解が進み，最終的には堅固な文法力に支えられたコミュニケーション能力が養成されると認識することである。

さらに訳読という活動には，母語の高い語彙力や表現力，論理的思考力が要求されるため，英語ユーザの母語の知識やスキルも当然ながら豊かになっていくことが期待できる。また，ことばによるコミュニケーションでは，「発話されたこと (what is said)」から「発話されていないこと (what is not said)」を理解する力が求められるが（村端 (2015)），訳読活動を通して推論を働かせて含意する意味を理解する力も養成されるだろう。

フェルナンデス・グエラ (Fernández-Guerra (2014)) が大学生を参加者として行ったアンケート調査の結果をみると，大学生は概ね訳読活動を好意的に捉え，具体的に次のような効果があると考えているようである（15項目中，上位7項目）。

○目標言語の文化の背景や内容を知ることができる
○ことばの使用域や方言について知ることができる
○語彙力が向上する
○ことばの形式と意味の関係をより深く知ることができる
○再話の際の流暢さや速さを身につけることができる
○慣例的なことばの使用（語用論）について知ることができる
○両言語システムの相違点についての意識高揚になる

文法訳読式教授法への回帰という極論までは主張しないまでも，文法に苦手意識をもつ大学生が増えていること，中学校レベルの文法でさえ十分身についていない大学生が年々増加していること（杉山 (2013)），最近の高校3年生を対象とした英語力調査（文部科学省）によれば，「読むこと」では72.7％が，「聞くこと」では75.9％が，「書くこと」では86.5％が，「話すこと」では87.2％が英検3級程度以下に相当する水準にあること（田巻

(2015)），そして，本書で議論してきたマルチコンピテンスの考え方を活かすこと，これらを考えると，今一度，訳読活動をいつ，どの程度，どのように英語授業（あるいは授業外学習）に取り入れていくことが望ましいのか，再検討しても良いのではないだろうか。

5.4. 英語教育の外的目標と内的目標

現在の英語教育では，教室外で英語を使用することができるようにするという「外的な目標」に過度に重きを置きすぎている。教室で第2言語教育を行うことの重要な目標の一つである「内的な目標」，すなわち，自他文化理解の態度や柔軟な認知能力を身につけるという目標は，軽視される傾向にある（Bassetti and Cook (2011)）。この点に関して言えば，わが国の英語教育も例外ではない。日本の生徒たちは，現実の日常的生活の中ではほとんどコミュニケーション目的で英語を使用することはないとクック（Cook (2002)）も指摘しているのにもかかわらず，以下の文部科学省による外国語（英語）の目標が示すように，わが国では英語によるコミュニケーション能力の育成が英語教育の第一義的な目標となっている。

□中学校外国語科の目標
外国語を通じて，言語や文化に対する理解を深め，積極的にコミュニケーションを図ろうとする態度の育成を図り，聞くこと，話すこと，読むこと，書くことなどのコミュニケーション能力の基礎を養う。

□高等学校英語科の目標

　　英語を通じて，言語や文化に対する理解を深め，積極的にコミュニケーションを図ろうとする態度の育成を図り，情報や考えなどを的確に理解したり適切に伝えたりするコミュニケーション能力を養う。

言語や文化に対する理解という内容は取り込まれているものの，第2言語の習得がもたらす人々のことばや認知の変容という，マルチコンピテンスでいう「内的な目標」には触れられていない。

　コミュニケーション指向の言語教育が本格的に叫ばれ始めた1980年代（Stern (1983)）から，コミュニケーション能力の育成を言語教育の第一のゴールとする傾向が強くなった。しかし，もし仮に，第2言語教育の目標が唯一「外的な目標」であるとすれば，わが国のように，教室外で日常的，習慣的に第2言語を使用する機会に乏しい状況で学ぶ生徒にとっては，その目標は現実的なものではない。これまで本書で見てきたように，母語以外のことばを学習するということは，たとえ教室外でその第2言語の母語話者と対面してことばを交わす機会がなくとも，さまざまな点で生徒のことばや生活や認知活動を豊かにできる可能性を秘めているのである。

　第2言語ユーザというのは，単一言語しか知らない，いずれの言語の母語話者とは，言語的にも認知的にも異なる存在である。複合的言語能力・マルチコンピテンス（multi-competence）(Cook (1991)）と複合的認知・マルチコグニション（multi-cognition)（G. Murahata (2010b)）を有するユニークな存在なのである。わが国のように，あくまでも外国語教育という環境にあっては，「外的な目標」をより現実的なレベルに設定しつつ，第2言語ユー

ザのもつ，このようなユニークさを見据えた「内的な目標」を今以上に重視していく必要があると考える。

5.5. マルチコンピテンスユーザとしての自信と積極的な姿勢

英国の公的な国際文化交流機関であるブリティッシュ・カウンシルが日本全国のビジネスパーソン520名を対象に実施した，英語学習に関する調査がある（ブリティッシュ・カウンシル (2011)）。その調査によると，「総合的にみて，あなたご自身の英語力に，自信を持てますか。」という問いに対して，「かなり自信がある」と答えたのは全体で1.5%に過ぎず，「やや自信がある」と答えた16.5%を加えても，英語に自信のある人は，わずか18.0%に止まっている（表5.3参照）。男女間に多少の意識差はあるものの，おおむね自身の英語力には自信がない日本人ビジネスパーソンが圧倒的に多い。もちろん，性格的なものもあるので，「全く自信がない」「あまり自信はない」と回答した人が，実際に英語力が

表5.3 日本人ビジネスパーソンの英語力に対する自信度

	男性 (%)	女性 (%)	全体 (%)
かなり自信がある	1.2	1.9	1.5
やや自信がある	14.2	18.8	16.5
どちらともいえない	21.5	21.5	21.5
あまり自信はない	34.2	29.2	31.7
全く自信はない	28.8	28.5	28.7

低いかどうかは，客観的な指標がないので即断はできない。

しかし，この調査で興味深いのは，このように英語力に対する自信の欠如を表明した人たちは，実際にどのような場面で英語を使う機会があるか，と問われると，48.7% の人がビジネスで使っていると回答し，77.9% の人がプライベートで英語を使っていると回答し，11.2% の人は使う機会はない，と回答している点である。もともと，この調査に参加した人たちは，業務上，何らかの形で英語を必要とする，あるいは今後必要になる可能性のある「ビジネスパーソン」であるため，実際に使用する頻度が高いという結果になったものであるが，いずれにしても，これらの人たちは英語という第2言語を使って仕事をする，あるいは社会生活を送るという意味では，英語ユーザであることは確かである。

そうであるとすれば，自らのことばの力にもっと自信をもってよいのではないだろうか。なぜなら，英語ユーザの人権のところで議論したように，英語ユーザは英語学習者ではない。いつまでも学び続ける人，いつまでたっても目標に到達できない未熟な人ではないのである。母語（日本語）の知識を 100%，英語の知識を 50% とすれば，150% の複合的言語能力と複合的認知能力をもつユニークな人間なのである。

英語母語話者の英語力と比較しても全く意味はない。いくら努力しても英語母語話者にはなれないのである。多少，音声的にも文法的にも英語母語話者から見れば逸脱していたとしても悲観する必要はない。何らかの目的達成のために英語を使うことができれば良いのである。母語でさえ間違いを冒すこともある。日本人は，いつまでたっても自身を「英語学習者」と位置づけてしまう。「未熟な人間」と悲観する呪縛から自らを解放し，英語ユーザと

して，もっと胸を張り，自信をもって目的や場面に応じて積極的に英語を使用していけば良いのである。

　第2言語習得において個人差を生じさせる一つの要因にリスク・テイキング（risk-taking）というのがある。失敗を恐れずに危険をおかしてでも物事に取り組もうとする姿勢のある人ほど，一般的に第2言語習得の成功確率が高いと言われている（Ely (1986), Larsen-Freeman and Long (1991), Gass and Selinker (2008), Zhang and Liu (2012))。たとえば，エリー（Ely (1986)）は，スペイン語を第2言語として学ぶアメリカ人大学生50名を対象にアンケート調査を行い，リスク・テイキングの態度と授業での自主的な発話量や文法的な正確さとの関係を調査した。アンケート項目には「全くそう思わない」から「全くそう思う」までの6点法で回答するようになっている。

1) スペイン語の単語の使い方がきちんと分かるまでは，その単語を使わない。
2) 授業では，難しい文を使ってみようとは思わない。
3) 現段階では，授業で複雑な事柄についてスペイン語で表現しようとは思わない。
4) 文法の細かなことについて気にせず，話したいことがあればスペイン語で話したいと思う。
5) 授業では，実際に発話する前に，まず独り言のようにして言う練習をしてみたいと思う。
6) 間違ったことばの使い方をしてしまう危険を冒すよりも，まずは，モデルとなる基本文に倣って話そうと思う。

これらの項目は，エリー（Ely (1986)）のリスク・テイキングに

対する，以下の四つの暫定的な概念規定から導きだされたものである。

1) 新出の言語項目を使うことに躊躇しないこと
2) 複雑で難しいと分かっている言語項目でも使ってみようとすること
3) 誤ったり，不正確に使用してしまうことに寛容であること
4) ほかの人に聞こえる声で発話する前に，小声で新しい項目を予行演習することを好むこと

調査の結果，リスク・テイキングの態度をより強く示した参加者は，授業での自主的な発言量も多く，文法的正確さの度合いも高いことがわかった。誤りを冒すことを恐れず，自信をもって積極的な姿勢でことばの学習に取り組むことが，いかに重要であるかを明確に示している事例であり，わが国英語教育の行方に大きな示唆を与えてくれる。マルチコンピテンスを備えた第2言語ユーザがいかにユニークな存在であるかを認識すれば，彼らの英語使用に対する自信にも変化が現れるのではないかと期待する。

　以上，マルチコンピテンスがわが国の英語教育に与える示唆を検討してきた。本章5.3節でも触れたが，わが国の英語教育を取り巻く状況は国の思いとは裏腹に，中学校レベルの文法でさえ十分身についていない大学生の急増，中学3年生レベル以下の高校3年生が7～9割，などと若者の英語力の低下は深刻度を増すばかりである。さらに気がかりなのは，英語が嫌いな生徒が6割もおり，将来，英語を使って国際社会で活躍できるようになりたい，という高校3年生はわずか8.8%に過ぎないという状況である（田巻 (2015))。

このような学力の低下や国際社会で活躍する意欲の欠如の問題の背景にはさまざまな要因があることは確かだが,「いくらやっても日本人は英語ができるようにはならない」「日本人には英語習得は不向きだ」「英語ができなくてもやっていける」などという絶望感にも似た諦め観,自信の欠乏がその根底にあるような気がしてならない。私たちがマルチコンピテンスから学ぶべきは,日本人が置かれている状況を直視し,達成できもしない非現実的な願望や人を惑わす根拠のない言説から距離をおき,複数言語を駆使しながら国際社会の人たちと対等な立場で人間的に,社会的に交わることができるような人間を英語教育の中で育てていくことの大切さではないだろうか。

あ と が き

　本書では，第 2 言語ユーザの「ことば」と「心」について，マルチコンピテンスの観点から主としてこれまで国内外で行われた実証研究の研究結果にもとづいて考察してきた。劇的にとまでは言わないが，母語習得後に第 2 言語を学ぶと，第 2 言語ユーザの「ことば」と「心」に種々の変容が確かに生じることを見てきた。

　また，第 2 言語ユーザは，第 2 言語の母語話者（ネイティブ・スピーカー）の言語知識や運用能力を基準にどれだけ母語話者に近づいているか，どの部分が不完全か，などと評価されるべきではなく，第 2 言語ユーザ自身がユニークで独立した存在として，その言語体系や認知体系を記述されるべきであることも繰り返し主張してきた。

　マルチコンピテンス研究によって明らかになる英語話者の特性や日本語話者の特性，そして「日本語を母語とし英語を第 2 言語とする英語ユーザ」の特性が異文化理解の観点からも英語教育の発展に貢献するところは小さくないだろう。まさに，学習指導要領に掲げられている「外国語を通じて，言語や文化に対する理解を深める」（文部科学省（2010），傍点著者）という目標に合致するところである。

　たとえば，言語によって色の切り取り方に違いがあり，日本語の「水色」「藍」「青」などは，英語ではすべて 'blue' の 1 語で通用することや，英語の 'orange' 色は，日本語の「茶色」の部分も含まれることを第 2 言語ユーザが知っていれば，英語を使

う場面で戸惑うことも少なくなるかもしれない。また生徒の英語を評価する教師側に「ことば」と「心」の関係についての知見があれば，たとえば，英語で場面描写をする時に，「大きな魚が泳いでいる」と中心的なモノの描写から談話を始める英語母語話者に対して，「水の中の様子が見える」と場面全体の描写から英語談話を始める英語ユーザは決して間違ってもいないし，逸脱もしていない，という見方ができるだろう。あくまでも英語母語話者中心の英語教育では，このような違いは「誤り」や「逸脱」とされ正当な評価を受けないことがあるが，そのような描写表現の違いが生じる背景を理解していれば，教師たちの受け取り方も大きく変わってくるだろう。さらに，上級英語ユーザの場合，日英両言語話者の特性を知っていれば，使用する言語に応じて視点を変えて物事を表現することもできるようになるだろう。また，マルチコンピテンスを備えた英語教師であれば，そのように視点をスイッチして物事を理解したり，表現したりできる生徒を育てることも可能になるだろう。

　日本語＋英語（中間言語）というマルチコンピテンスを有するわが国の英語ユーザは，自分自身をユニークな存在と自覚し，程度の差こそあれ，両言語を場面や目的に応じて巧みに使用できる人間，多言語社会に生きる対応力のある人間なのだと自信を持って生きることが何よりも大切である。1人でも多くの日本人英語ユーザが「英語ができない日本人」ではなく「母語である日本語に加えて英語を知っている日本人」として自分を捉えることができるよう願うばかりである。

　マルチコンピテンスの研究は取り組むべき課題も多く，まだ緒についたばかりと言ってよい。今後わが国においても日本人英語ユーザのマルチコンピテンス研究が本格的に行われ，日本人英語

ユーザの「ことば」と「心」のユニークさの解明がさらに進み，一方，あくまでも外国語教育という枠内にあるわが国の英語教育がより現実的な目標に向けて，さらに発展していくことを期待する。

なお，クック教授および著者が情報提供する以下のサイトでは，マルチコンピテンスおよびその関連領域の研究・教育に関する情報が閲覧できる。マルチコンピテンスに関心のある方はぜひ参考にしていただきたい。

☐Vivian Cook

 http://homepage.ntlworld.com/vivian.c/SLA/Multicompetence/
  （マルチコンピテンスに関する総合的な個人サイト）

 https://www.youtube.com/watch?v=LF7zmsqtIUQ（Cook教授の動画による解説 [Multi-competence and SLA]）

 https://newcastle.academia.edu/VivianCook（クック教授の論文・論考等）

☐村端五郎

 http://souls.cc.kochi-u.ac.jp/?&rf=3429（マルチコンピテンスおよびその関連領域の研究・教育に関する参考文献リスト）

 https://miyazaki-u.academia.edu/GoroMurahata（発表論文・論考等を紹介するサイト）

☐村端佳子

 https://miyazaki-u.academia.edu/YoshikoMurahata/（発表論文・論考等を紹介するサイト）

本書の執筆にあたって，多くの方々に大変お世話になった。そのすべての方々の名前を上げることはできないが，まず感謝した

いのは，このマルチコンピテンスという斬新な研究分野に私たちを誘ってくれたヴィヴァン・クック教授である。マルチコンピテンスの概念は，教授の永年にわたる言語理論や第2言語習得，言語教育に関する研究と教育，多くの第2言語ユーザとの交わりから次第に形作られてきたものである。第2言語話者はネイティブ・スピーカーのように英語を話せなくても決して劣った存在ではないのだ，という人道主義的な見方ができるクック教授であるからこそ生まれた概念ではないかと私たちは考えている。

　クック教授は，言語分析や言語研究に対しては非常に厳しい姿勢でのぞむが，決しておごらず常に謙虚で真摯な研究姿勢を崩すことはなく，また，とても誠実で温厚なお人柄である。このような教授の不断の指導と励ましがなかったら，本書は世に出ることはなかっただろう。憶えば，私たちがまだ高知大学に奉職中の2010年6月，講演（於高知大学人文学部，演題「Who is the L2 user? Multi-competence and Foreign Language Learning/Teaching」）の依頼をした際は快諾をいただき，多忙の中にあってご夫人のパム・クック（Pam Cook）さんと高知に駆けつけてくださったことは今でも忘れられない。会場に集った英語教育関係者は，第2言語習得研究や応用言語学分野の最新の研究動向に触れる機会に恵まれ，同時に，クック教授の第2言語ユーザに向ける暖かい眼差しを直に感じることができた。

　実は，クック教授は，日本の英語教育がおかれている状況に非常に詳しい。だから，教授は，論文や著書など，いたるところで日本の英語教育が直面する課題や日本人英語ユーザの例を引く。日本人英語ユーザは「母語話者のようにうまく英語が話せない」というような否定的な思いから自らを解き放ち，日本人英語ユーザの特質を理解しながら日本という社会の現実に則した英語教育

高知大学で講演するクック教授

の道を自ら探ってほしい、というのが教授の思いであろう。

クック教授が立ち上げた学会 EUROSLA（ヨーロッパ第 2 言語学会）の年次大会前後に開かれる、マルチコンピテンスに関心を寄せる人たちの集い「Multi-competence Day」の仲間たちからも、これまで実験手法やデータ解析方法、統計処理などについて多くの示唆やアドバイスを頂いた。クック教授は言うに及ばず、エジンバラ大学のシャーウッド・スミス（Michael Sharwood-Smith）氏、ロンドン大学バークベック校のデワエレ（Jean-Marc Dewaele）氏、ヨーク大学のバセッティ（Benedetta Bassetti）氏、ランカスター大学のアサナソポーロス（Panos Athanasopoulos）氏、アダム・ミキーヴィチ大学（ポーランド）のエワート（Anna Ewert）氏、慶応大学の佐々木美帆氏、岐阜大学の笠井千勢氏には大変お世話になった。

そして、本書を一番に読んで批評していただきたかったのが大学院時代の恩師である故山岡俊比古先生（兵庫教育大学大学院）

である。残念ながら，山岡先生は定年退職を半年後に控えた2013年9月に急逝された。益々のご活躍を期待していただけに残念でならない。山岡先生は第2言語習得研究の日本における草分けのお一人で，この分野の広さと深さを見事にまとめあげられた先生の代表的な著書『第2言語習得研究』一つをとっても，先生がわが国の第2言語習得研究の発展に果たされた貢献は大きい。本書『第2言語ユーザのことばと心』の底流にある第2言語習得研究の基礎は，授業やゼミで，あるいは卒業後に山岡先生から受けた薫陶に負うところが大きい。本書では，「第二言語」とせず算用数字の「第2言語」を採用したのも先生が好んで後者を使用されたからである。ここにあらためて山岡先生に感謝の意を表するとともに，心よりご冥福をお祈りしたいと思う。

　最後に，まだ日本ではあまり聞き慣れない「第2言語ユーザ」とか「マルチコンピテンス」という概念をテーマとした本書のねらいと意義を理解いただき，本書の出版企画を取り上げてくださった川田賢氏をはじめ開拓社出版部，編集部の皆さんに深く感謝申し上げたい。

参 考 文 献

大井恭子（編著）（2008）『パラグラフ・ライティング指導入門』大修館書店，東京．

斎藤兆史（2006）『日本人に一番合った英語学習法』祥伝社，東京．

杉村智子（1992）「3つ組課題における概念的体制化の発達的研究：体制化に及ぼす課題のタイプとラベリングの効果」『発達心理学研究』第3巻第2号，73-80.

杉山幸子（2013）「文法訳読は本当に『使えない』のか？」『日本英語英文学会紀要』第23号，105-128.

鈴木孝夫（1990）『日本語と外国語』（岩波新書）岩波書店，東京．

鈴木恵理子（2013）「中国人日本語学習者の逆行転移」『秋田大学国際交流センター紀要』第2号，3-18.

田巻竜介（2015）「高3の英語力，大半が英検3級以下：6割が『好きでない』――文科省調査」『内外教育』3月号（No. 6405），8.

マッカーティ，スティーブ（1993）「バイリンガリズムの理論と日本」『香川短期大学紀要』第21号，1-6.

水谷信子（1985）『日英比較 話しことばの文法』くろしお出版，東京．

村端五郎（編著）（2005）『幼小中の連携で楽しい英語の文字学習』明治図書，東京．

村端五郎（2013）「小学校英語が児童の認知に与える影響――材質バイアスから形状バイアスへの変化――」『Profectus』（武庫川女子大学大学院文学研究科）No. 18，133-146.

村端五郎（2015）「語用論における言語的非決定性の批判的再検討」『宮崎大学教育文化学部紀要』創立130周年記念特別号，1-18.

村端佳子・村端五郎（2008）「英語（L2）の学習は日本語（L1）の語彙辞書を変える！：マルチコンピテンス研究が示唆するもの」『英語教育』（大修館書店）1月号，Vol. 56，14-17.

文部科学省（2010）「中学校学習指導要領解説 外国語編」（閲覧日2015.3.5:http://www.mext.go.jp/component/a_menu/education/micro_detail/__icsFiles/afieldfile/2011/01/05/1234912_010_1.pdf）

文部科学省（2012）「平成24年度『国際共通語としての英語力向上のため

の五つの提言と具体的施策』に係る状況調査」(閲覧日 2015.3.5: http://www.mext.go.jp/a_menu/kokusai/gaikokugo/1332638.htm)

文部科学省 (2013)「平成 25 年度公立中学校・中等教育学校 (前期課程) における英語教育実施状況調査」「平成 25 年度公立高等学校・中等教育学校 (後期課程) における英語教育実施状況調査」(閲覧日 2015.02.27:http://www.mext.go.jp/b_menu/shingi/chousa/shotou/102/shiryo/__icsFiles/afieldfile/2014/08/06/1350330_02.pdf)

文部科学省 (2014)「グローバル化に対応した英語教育改革実施計画」(閲覧日 2015.02.27:http://www.mext.go.jp/a_menu/kokusai/gaikokugo/__icsFiles/afieldfile/2014/01/31/1343704_01.pdf)

ブリティッシュ・カウンシル (2011)「全国のビジネスパーソン 520 名への英語学習に関する調査」(プレスリリース, 2011 年 7 月 7 日).

山岡俊比古 (1997)『第 2 言語習得研究 (新装改訂版)』桐原書店, 東京.

Abrahamsson, N. and K. Hyltenstam (2009). "Age of Onset and Nativelikeness in a Second Language: Listener Perception versus Linguistic Scrutiny," *Language Learning* 59, 249-306.

Ahmad, B. H. and K. Jusoff (2009) "Teachers' Code-switching in Classroom Instructions for Low English Proficient Learners," *English Language Teaching* 2:2, 49-55. Available at http://www.ccsenet.org/journal.html (Date of access: 2014.12.5).

Ameel, E., G. Storms, B. C. Malt and S. A. Sloman (2005) "How Bilinguals Solve the Naming Problem," *Journal of Memory and Language* 53, 60-80.

Athanasopoulos, P. (2006) "Effects of Grammatical Representation of Number on Cognition in Bilinguals," *Bilingualism: Language and Cognition* 9, 89-96.

Athanasopoulos, P. (2009) "Cognitive Representation of Color in Bilinguals: The Case of Greek Blues," *Bilingualism: Language and Cognition* 12, 83-95.

Athanasopoulos, P. and F. Aveledo (2013) "Linguistic Relativity and Bilingualism," *Memory, Language, and Bilingualism: Theoretical and Applied Approaches*, ed. by J. Altarriba and L. Isurin, 236-255, Cambridge University Press, New York.

Athanasopoulos, P., L. Damjanovic, A. Krajciova and M. Sasaki (2011) "Representation of Colour Concepts in Bilingual Cognition: The

Case of Japanese Blues," *Bilingualism: Language and Cognition* 14 (Special Issue), 9-17.

Athanasopoulos, P., B. Dering, A. Wiggett, J-R. Kuipers and G. Thierry (2010) "Perceptual Shift in Bilingualism: Brain Potentials Reveal Plasticity in Pre-attentive Colour Perception," *Cognition* 116:3, 437-443.

Athanasopoulos, P., M. Sasaki and V. J. Cook (2004) "Do Bilinguals Think Differently from Monolinguals? Evidence from Colour Categorization by Speakers of Japanese," Paper presented at the 14th European Second Language Association Conference, San Sebastian, Spain.

Au, T. K. (1983) "Chinese and English Counterfactuals: The Sapir-Whorf Hypothesis Revisited," *Cognition* 15, 155-187.

Baker, P. and J. Eversley (2000) *Multilingual Capital*, Battlebridge, London.

Bassetti, B. (2011) "The Grammatical and Conceptual Gender of Animals in Second Language Users," *Language and Bilingual Cognition*, ed. by V. J. Cook and B. Bassetti, 357-384, Psychology Press, Hove, East Sussex.

Bassetti, B. and V. J. Cook (2011) "Relating Language and Cognition: The Second Language User," *Language and Bilingual Cognition*, ed. by V. J. Cook and B. Bassetti, 143-190, Psychology Press, Hove, East Sussex.

Bates, E. and B. MacWhinney (1981) "Second Language Acquisition from a Functionalist Perspective," *Native Language and Foreign Language Acquisition*, ed. by H. Winitz, 190-214. Annals of the NY Academy of Sciences (Vol. 379), New York Academy of Science, New York.

Bialystok, E. (1986) "Factors in the Growth of Linguistic Awareness," *Child Development* 57, 498-510.

Bialystok, E. (2001) *Bilingualism in Development: Language, Literacry, and Cognition*, Cambridge University Press, Cambridge.

Bialystok, E. and R. Barac (2013) "Cognitive Effects," *The Psycholinguistic of Bilingualism*, ed. by F. Grosjean and P. Li, 192-213, Wiley-Blackwell, West Sussex.

Bialystok, E., F. I. Craik, R. Klein and M. Viswanathan (2004) "Bilingualism, Aging, and Cognitive Control: Evidence from the Simon Task," *Psychology and Aging* 19:2, 290–303.

Bloom, A. (1981) *Linguistic Shaping of Thought: a Study in the Impact of Language on Thinking in China and the West*, Lawrence Erlbaum, Hillsdale, NJ.

Bongaerts, T., B. Planken and E. Schils (1995) "Can Late Starters Attain a Native Accent in a Foreign Language? A Test of the Critical Period Hypothesis," *The Age Factor in Second Language Acquisition*, ed. by D. Singleton and Z. Lengyel, 30–50, Multilingual Matters, Clevedon, UK.

Boroditsky, L., W. Ham and M. Ramscar (2002) "What Is Universal in Event Perception? Comparing English and Indonesian Speakers," *Proceedings of the 24th Annual Meeting of the Cognitive Science Society*, Fairfax, VA.

Boroditsky, L., L. A. Schmidt and W. Phillips (2003) "Sex, Syntax, and Semantics," *Language in Mind: Advances in the Study of Language and Thoughts*, ed. by D. Gentner and S. Goldin-Meadow, 62–77, MIT Press, Cambridge, MA.

Braine, G., ed. (1999) *Non-native Educators in English Language Teaching*, Lawrence Ealbaum, Hillsdale, NJ.

Brown, A. (2013) "Multi-competence and Second Language Assessment," *Language Assessment Quarterly* 10, 219–235.

Brown, A. and M. Gullberg (2012) "Multicompetence and Native Speaker Variation in Clausal Packaging in Japanese," *Second Language Research* 28:4, 415–442.

Brown, A. and M. Gullberg (2011) "Bidirectional Cross-linguistic Influence in Event Conceptualization? Expressions of Path among Japanese Learners of English," *Bilingualism: Language and Cognition* 14:1, 79–94.

Cabrelli Amaro. J., S. Flynn and J. Rothman (2012) "Introduction," *Third Language Acquisition in Adulthood*, ed. by J. Cabrelli Amaro, S. Flynn and J. Rothman, 1–6, John Benjamins, Amsterdam.

Carroll, J. B. and J. B. Casagrande (1958) "The Function of Language Classifications in Behaviour," *Readings in Social Psychology*, 3rd ed., ed. by E. E. Maccoby, T. M. Newcombe and E. L. Hartley, 18–31, Holt, Rinehart and Winston, New York.

Carson, E. and H. Kashihara (2012) "Using the L1 in the L2 Classroom: The Students Speak," *The Language Teacher* 36:4, 41–48.

Caskey-Sirmons, L. and N. Hickerson (1977) "Semantic Shift and Bilingualism: Variation in Color Terms of Five Languages," *Anthropological Linguistics* 19, 358–367.

Cenoz, J. (2003) "The Intercultural Style Hypothesis: L1 and L2 Interaction in Requesting Behaviour," *Effects of the Second Language on the First*, ed. by V. J. Cook, 62–80, Multilingual Matters, Clevedon, UK.

Chiu, L-H. (1972) "A Cross-cultural Comparison of Cognitive Styles in Chinese and American Children," *International Journal of Psychology* 7:4, 235–242.

Chomsky, N. (1965) *Aspects of the Theory of Syntax*, MIT Press, Cambridge, MA.

Coggins, P. E., T. J. Kennedy and T. A. Armstrong (2004) "Bilingual Corpus Callosum Variability," *Brain and Language* 89:1, 69–75.

Cook, G. (2010) *Translation in Language Teaching: An Argument for Reassessment*, Oxford University Press, Oxford.

Cook, V. J. (1991) "The Poverty-of-the-stimulus Argument and Multi-competence," *Second Language Research* 7, 103–117.

Cook, V. J. (1995) "Multi-competence and Effects of Age," *The Age Factor in Second Language Acquisition: A Critical Look at the Critical Period Hypothesis*, ed. by D. Singleton and Z. Lengyel, 51–66, Multilingual Matters, Clevedon, UK.

Cook, V. J. (1996) "Competence and Multi-competence," *Performance and Competence in Second Language Acquisition*, ed. by G. Brown, K. Malmkjaer and J. Williams, 57–69, Cambridge University Press, Cambridge.

Cook, V. J., ed. (2002) *Portraits of the L2 User*, Multilingual Matters, Clevedon, UK.

Cook, V. J., ed. (2003) *Effects of the Second Language on the First*, Multilingual Matters, Clevedon, UK.

Cook, V. J. (2007) "The Goal of ELT: Reproducing Native-speakers or Promoting Multicompetence among Second Language Users?" *International Handbook on English Language Teaching*, ed. by J. Cummins and C. Davidson, 237–248, Springer, New York.

Cook, V. J. (2012) "Multicompetence," *The Encyclopaedia of Applied Linguistics*, ed. by C. Chapelle, 3768-3774, Wiley-Blackwell, Oxford, UK. (Date of access 2015.7.3: http://homepage.ntlworld.com/vivian.c/Writings/Papers/MCentry.htm).

Cook, V. J. (2015) "Discussing the Language and Thought of Motion in Second Language Speakers," *The Modern Language Journal*, 99: S1, 154-164.

Cook, V. J. (to appear) "Premises of Multi-competence," *The Cambridge Handbook of Linguistic Multi-competence*, ed. by V. J. Cook and Li Wei, Cambridge University Press, Cambridge.

Cook, V. J., O. Alenazi, H. Alkadi and F. Almutrafi (in progress) "Bilingual Street Signs and Eyetracking."

Cook, V. J. and B. Bassetti, eds. (2011) *Language and Bilingual Cognition*, Psychology Press, Hove, East Sussex.

Cook, V. J., B. Bassetti, C. Kasai, M. Sasaki and J. A. Takahashi (2006) "Do Bilinguals Have Different Concepts? The Case of Shape and Material in Japanese L2 Users of English," *International Journal of Bilingualism* 10:2, 137-152.

Cook, V. J., E. Iarossi, N. Stellakis and Y. Tokumaru (2003) "Effects of the L2 on the Syntactic Processing of the L1," *Effects of the Second Language on the First*, ed. By V. J. Cook, 193-213, Multilingual Matters, Clevedon, UK.

Coppetiers, R. (1987) "Competence Differences between Native and Near-native Speakers," *Language* 63:3, 545-573.

Corbett, G. G. (2000) *Number*, Cambridge University Press, Cambridge.

Crystal, D. (2000) *Who Cares about English Usages?*, Penguin Books, London.

Cummins, J. (1976) "The Influence of Bilingualism on Cognitive Growth: A Synthesis of Research Findings and Explanatory Hypothesis," *Working Papers on Bilingualism* 9, 1-43.

Cummins, J. (1979) "Linguistic Interdependence and the Educational Development of Bilingual Children," *Review of Educational Research* 49, 222-251.

Czechowska, N. and A. Ewert (2011) "Perception of Motion by Polish-English Bilinguals," *Language and Bilingual Cognition*, ed. by V. J. Cook and B. Bassetti, 285-314, Psychology Press, Hove, East Sussex.

Davies, A. (1991) *The Native Speaker in Applied Linguistics*, Edinburgh University Press, Edinburgh.

De Bot, K., W. Lowie and M. Verspoor (2005) *Second Language Acquisition: An Advanced Resourse Book*, Routledge, London.

Della Rosa, P. A., G. Videsott, V. M. Borsaa, M. Canini, B. S. Weekes, R. Franceschini and J. Abutalebi (2013) "A Neural Interactive Location for Multilingual Talent," *Cortex* 49:2, 605-608.

Deller, S. and M. Rinvolucri (2002) *Using the Mother Tongue: Making the Most of the Learner's Language*, Delta Publishing, Peaslake. (Introduction available at http://www.deltapublishing.co.uk/content/pdf/using-the-mother-tongue/MotherTongue6-11.pdf]

Dheram, P. (2005) "English Language Teaching in India: Colonial Past vis-à-vis Curricular Reform," *Teaching English to the World*, ed. by G. Braine, 59-70, Lawrence Erlbaum, Mahwah, NJ.

Dussias, P. E. and N. Sagarra (2007) "The Effect on Syntactic Parsing in Spanishi-English Bilinguals," *Bilingualism: Language and Cognition* 10:1, 101-116.

Ellis, E. (2013) "The ESL Teacher as Plurilingual: An Australian Perspective," *TESOL Quarterly* 47:3, 447-471.

Ely, C. M. (1986) "An Analysis of Discomfort, Risktaking, Sociability, and Motivation in the L2 Classroom," *Language Learning* 36:1, 1-25.

Ervin, S. (1961) "Semantic Shift in Bilingualism," *The American Journal of Psychology* 74, 233-241. [Reprinted in S. Ervin-Tripp (1973) *Language Acquisition and Communicative Choice: Essays by Susan Ervin-Tripp M. Selected and Introduced by Anwar S. Dil*, 33-44, Stanford University Press, Stanford.]

European Commission (2001) "Special Eurobarometer Survey 54 'Europeans and Languages'." (Date of access 2015.1.10: http://ec.europa.eu/public_opinion/archives/ebs/ebs_147_en.pdf).

Feng, G. and L. Yi (2006) "What if Chinese Had Linguistic Markers for Counterfactual Conditionals? Language and Thought Revisited," Conference Paper of the 28th Annual Conference of the Cognitive Science Society. (http://csjarchive.cogsci.rpi.edu/Proceedings/2006/index.htm)

Fernández-Guerra, A. B. (2014) "The Usefulness of Translation in Foreign Language Learning: Students' Attitudes," *International Journal of English Language and Translation Studies* 2:1, 153-170.

Fishman, J. A. (1960) "A Systematization of the Whorfian Hypothesis," *Behavioral Science* 5, 323-339.

Fishman, J. A. (2007) "Who Speaks What Language to Whom and When?" *The Bilingualism Reader: Second Edition I*, ed. by Li Wei, 55-70, Routledge, London and New York.

Flege, J. E. (1987) "The Production of 'New' and 'Similar' Phones in a Foreign Language: Evidence for the Effect of Equivalence Classification," *Journal of Phonetics* 15, 47-65.

Flege, J. E. (1995) "Second-language Speech Learning: Theory, Findings, and Problems," *Speech Perception and Linguistic Experience: Issues in Cross-language Research*, ed. by Winifred Strange, 233-277, York Press, Timonum, MD.

Gass, S. and L. Selinker, eds. (1983) *Language Transfer in Language Learning*, Newbury House, Rowley, MA.

Green, K. P., M. L. Zampini and J. Magloire (1997) "An Examination of Word-initial Stop Closure Interval in English, Spanishi and Spanish-English Bilinguals," *Journal of the Acoustic Society of America* 102, 3136. (http://dx.doi.org/10.1121/1.420648).

Greenberg, J. H., ed. (1963) *Universals of Grammar*, MIT Press, Cambridge, MA.

Grosjean, F. (1989) "Neurolinguists, Beware! The Bilingual Is Not Two Monolinguals in One Person," *Brain and Language* 36, 3-15.

Grosjean, F. (2001) "The Bilingual's Language Modes," *One Mind, Two Languages: Bilingual Language Processing*, ed. by J. Nicol, 1-22, Blackwell, Oxford.

Harada, T. (2007) "The Production of Voice Onset Time (VOT) by English-speaking Children in a Japanese Immersion Program," *IRAL* 45, 353-378.

Heider, E. R. (1972) "Universals in Color Naming and Memory," *Journal of Experimental Psychology* 93, 10-20.

Heinz, B. (2003) "Backchannel Responses as Strategic Responses in Bilingual Speakers' Conversations," *Journal of Pragmatics* 35, 1113-1142.

Hohenstein, J., A. Eisenberg and L. Naigles (2006) "Is He Floating across or Crossing Afloat?" *Bilingualism: Language and Cognition* 9:3, 249–261.

Ianco-Worrall, A. D. (1972) "Bilingualism and Cognitive Development," *Child Development* 43, 1390–1400.

Imai, M. and D. Gentner (1997) "A Cross-linguistic Study of Early Word Meaning: Universal Ontology and Linguistic Influence," *Cognition* 62, 169–200.

Jarvis, S. and A. Pavlenko (2008) *Crosslinguistic Influence in Language and Cognition*, Routledge, New York.

Ji, L., Z. Zhang and R. E. Nisbett (2004) "Is It Culture or Is It Language? Examination of Language Effects in Cross-cultural Research on Categorization," *Journal of Personality and Social Psychology* 87:1, 57–65.

Kaplan, R. B. (1966) "Cultural Thought Patterns in Inter-cultural Education," *Language Learning* 16, 1–20.

Kasper, G. and E. Kellerman, ed. (1997) *Communication Strategies: Psycholinguistic and Sociolinguistic Perspectives*, Longman, London and New York.

Kay, P. and W. Kempton (1984) "What Is the Sapir-Whorf Hypothesis?" *American Anthropologist* 86, 65–79.

Keck, C. and L. Ortega (2011) "Deficit Views of Language Learners in Applied Linguistic Discourse: A Corpus-based Critical Discourse Analysis," Paper presented at American Association of Corpus Linguistics, Atlanta, GA. Available online (Date of access 2015.7.9: http://works.bepress.com/casey_keck/9/).

Kecskes, I. and T. Papp (2000) *Foreign Language and Mother Tongue*, Lawrence Erlbaum, Mahwah, NJ.

Kellerman, E. and M. Sharwood-Smith, eds. (1986) *Crosslinguistic Influence in Second Language Acquisition*, Pergamon Press, Oxford.

Kramsch, C. (1997) "The Privilege of the Non-native Speaker," *PMLA* 112:3, 359–369.

Krause-Ono, M. (2004) "Change in Backchanneling Behaviour: The Influence from L2 to L1 on the Use of Backchannel," *Studies of Cognitive Science, Society of Muroran Cognitive Science* 3, 51–81.

Kurinski, E. and M. D. Sera (2011) "Does Learning Spanish Grammatical Gender Change English-speaking Adults' Categorization of Inanimate Objects?" *Bilingualism: Language and Cognition* 14:2, 203–220.

Kwok, V., Z. Niu, P. Kay, K. Zhou, Z. Jin, K-F. So and L-H. Tan (2011) "Learning New Color Names Produces Rapid Increase in Gray Matter in the Intact Adult Human Cortex," *PNAS* 108:16, 6686–6688.

Labov, W. (1969) "The Logic of Non-standard English," *Georgetown Momographs on Language and Linguistics* 22, 1–31.

Lado, R. (1957) *Linguistics across Cultures: Applied Linguistics for Language Teachers*, University of Michigan Press, Ann Arbor.

Laitin, D. D. (2000) "What Is a Language Community?" *American Journal of Political Science* 44:1, 142–145.

Larsen-Freeman, D. and M. H. Long (1991) *An Introduction to Second Language Acquisition Research*, Longman, New York.

Laufer, B. (2003) "The Influence of L2 on L1 Collocational Knowledge and on L1 Lexical Diversity in Free Written Expression," *Effects of the Second Language on the First*, ed. by V. J. Cook, 19–31, Multilingual Matters, Clevedon, UK.

Lenneberg, E. H. and J. M. Roberts (1956) "The Language of Experience: A Study in Methodology," *Supplement to International Journal of American Linguistics* 22:2.

Levinson, S. C. (1997) "Language and Cognition: The Cognitive Consequences of Spatial Description in Guugu Yimithirr," *Journal of Linguistic Anthropology* 7, 98–131.

Lightbown, P. and N. Spada (1999) *How Languages Are Learned*, Revised ed., Oxford University Press, Oxford and New York.

Liu, L. G. (1985) "Reasoning Counterfactuality in Chinese: Are There Any Obstacles?" *Cognition* 21:3, 230–270.

Llurda, E., ed. (2006) *Non-native Language Teachers: Perceptions, Chanllenges and Contributions to the Profession*, Springer, New York.

Lucy, J. (1992) *Grammatical Categories and Cognition: A Case Study of the Linguistic Relativity Hypothesis*, Cambridge University Press, Cambridge.

Malt, B. C. and S. A. Sloman (2006) "Artifact Categorization: The Good, the Bad, and the Ugly," *Creations of the Mind: Theories of Artifacts and Their Representation*, ed. by E. Margolis and S. Laurence, 85–123, Oxford University Press, Oxford.

Masuda, T. and R. E. Nisbett (2001) "Attending Holistically vs. Analytically; Comparing the Context Sensitivity of Japanese and Americans," *Journal of Personality and Social Psychology* 81, 992–934.

Matsumoto, Y. (2014) "Beyond the Logic of "All or Nothing" — Optimal Use of L1 and L2 in the Classroom," Paper read at the 43rd Annual Conference of the Kyushu Academic Society of English Language Education, Oita University, Oita, Japan.

Medgyes, P. (1994) *The Non-native Teachers*, Macmillan, London.

Murahata, G. (2010a) "Conceptual Preference Modification in Incipient Japanese-English Bilingual Children: The Case of Categorizing Objects on the Basis of 'SynThem' and 'ParaTax' Relations," *SELES Journal* (Shikoku English Language Education Society) No. 30, 55–64.

Murahata, G. (2010b) "Multi-cognition in Child L2 Users: More Evidence from an Object Categorization Task by Japanese Elementary School Children," *Research Reports of Kochi University* Vol. 59. 131–146.

Murahata, G. (2011) "The Impact of L2 Learning on Children's Cognitive Dispositions: Evidence from an Individuated Object-substance Distinction Task," *ARELE* (*Annual Review of English Language Education in Japan*) No. 22, 49–62.

Murahata, G. and Y. Murahata (2007) "Does L2 Learning Influence Cognition?: Evidence from Categorical and Thematic Organization of Objects," *Research Reports of the Department of International Studies, Kochi University* 8, 17–27.

Murahata, G. and Y. Murahata (2008) "V. Cook's Multi-competence and Its Consequences for SLA Research and L2 Pedagogy," *Research Reports of the Department of International Studies, Kochi University* 9, 109–128.

Murahata, G., Y. Murahata and V. J. Cook (forthcoming) "Research Questions and Methodology of Multi-competence," *The Cambridge Handbook of Linguistic Multi-competence*, Cambridge University Press, Cambridge.

Murahata, Y. (2006) "What Do We Learn from NNEST-related Issues?:

Some Implications for TEFL in Japan," *The Language Teacher* 30:6, 3–8.

Murahata, Y. (2007) "Effects of English Learning on Perception in Japanese Learners of English: A Pilot Study," *SELES Journal* (Shikoku English Language Education Society) 27, 53–64.

Murahata, Y. (2012) *A Study of the Effects of English Learning on Cognition in Japanese Learners of English from a Multi-competence Perspective*, Doctoral dissertation, Newcastle University.

Murahata, Y. (2014) "The Sapir-Whorf Hypothesis Revisited: Its Decline, Revival, and Development,"『第2言語習得研究と英語教育の実践研究』, 山岡俊比古先生追悼論文集編集委員会(編), 43–54, 開隆堂, 東京.

Nation, I. S. P. (1990) *Teaching and Learning Vocabulary*, Newbury House/Harper Row, New York.

Nation, I. S. P. (2001) *Learning Vocabulary in Another Language*, Cambridge University Press, Cambridge.

Nemser, W. (1971) "Approximate Systems of Foreign Language Learners," *International Review of Applied Linguistics* 9, 115–123.

Nisbett, R. E. (2003) *The Geography of Thought: How Asians and Westerners Think Differently ... and Why*, Free Press, New York.

Obler, L. (1982) "The Parsimonious Bilingual," *Exceptional Language and Linguistics*, ed. by L. K. Obler and L. Menn, 339–346, Academic Press, New York.

Ogane, E. (1997) "Codeswitching in EFL Learner Discourse," *JALT Journal* 19:1, 106–122.

Omoniyi, T. (2009) "West African Englishes," *The Handbook of World Englishes*, ed. by B. B. Kachru, Y. Kachru and C. L. Nelson, 172–187, Wiley-Blackwell, London.

Ortega, L. (2005) "For What and for Whom Is Our Research? The Ethical as Transformative Lens in Instructed SLA," *The Modern Language Journal* 89, iii, 427–443.

Osterhout, L., A. Poliakov, K. Inoue, J. McLaughlin, G. Valentine, I. Pitkanen, C. Frenck-Mestre and J. Hirschensohn (2008) "Second-language Learning and Changes in the Brain," *Journal of Neurolinguistics* 21, 509–521.

Oxford University Press (2001) *Quick Placement Test*, Now cited as

UCLES (University of Cambridge Local Examinations Syndicate).

Oxford University Language Centre (2010) *Oxford Placement Test* (Date of access 2014.12.24: http://www.lang.ox.ac.uk/courses/tst_placement_ english.html).

Paikeday, T. M. (1985) *The Native Speaker Is Dead!*, Paikeday Publishing, Toronto.

Pavlenko, A. (2003) "'I Feel Clumsy Speaking Russian': L2 Influence on L1 in Narratives of Russian L2 Users of English," *Effects of the L2 on the L1*, ed. by V. J. Cook, 32–61, Multilingual Matters, Clevedon, UK.

Pavlenko, A. (2011) "(Re-)naming the World: Word-to-referent Mapping in Second Language Speakers," *Thinking and Speaking in Two Languages*, ed. by A. Pavlenko, 198–236, Multilingual Matters, Bristol, UK and New York.

Peal, E. and W. Lambert (1962) "The Relation of Bilingualism to Intelligence," *Psychological Monograph* 76, 1–23.

Penn, J. M. (1972) *Linguistic Relativity versus Innate Ideas: The Origins of the Sapir-Whorf Hypothesis in German Thought*, Mouton, The Hague.

Petitto, L. A., M. S. Berens, I. Kovelman, M. H. Dubins, K. Jasinska and M. Shalinsky (2011) "The 'Perceptual Wedge Hypothesis' as the Basis for Bilingual Babies' Phonetic Processing Advantage: New Insights from fNIRS Brain Imaging," *Brain and Language* 121:2, 130–143. doi:10.1016/j.bandl.2011.05.003.

Phillipson, R. (1992) *Linguistic Imperialism*, Oxford University Press, Oxford.

Richards, J. C. and T. S. Rodgers (1986) *Approaches and Methods in Language Teaching: A Description and Analysis*, Cambridge University Press, New York.

Sapir, E. (1929) "The Status of Linguistics as a Science," *Selected Writings of Edward Sapir*, ed. by D. G. Mandelbaum, 160–168, University of California Press, Berkley.

Saville-Troike, M. (2006) *Introducing Second Language Acquisition*, Cambridge University Press, Cambridge.

Seliger, H. (1989) "Deterioration and Creativity in Childhood Bilingualism," *Bilingualism across the Lifespan: Aspects of Acquisition, Matu-

rity, and Loss, ed. by K. Hyltenstam and L. K. Obler, 173–184, Cambridge University Press, Cambridge.

Selinker, L. (1972) "Interlanguage," *IRAL* 10, 219–231.

Sharwood-Smith, M. and E. Kellerman (1986) "Crosslinguistic Influence in Second Language Acquisition," *Crosslinguistic Influence in Second Language Acquisition*, ed. by E. Kellerman and M. Sharwood-Smith, 1–9, Pergamon Press, Oxford.

Simonton, D. K. (2008) "Bilingualism and Creativity," *An Introduction to Bilingualism: Principles and Processes*, ed. by J. Altarriba and R. R. Heredia, 147–166, Lawrence Erlbaum, New York.

Stern, H. H. (1983) *Fundamental Concepts of Language Teaching*, Oxford University Press, Oxford.

Su, I-R. (2010) "Transfer of Pragmatic Competences: A Bi-directional Perspective," *The Modern Language Journal* 94, i, 87–102.

Su, I-R. (2012) "Bi-directional Transfer in Chinese EFL Learners' Apologizing Behavior," *Concentric: Studies in Linguistics* 38:2, 237–266.

Takano, Y. (1989) "Methodological Problems in Cross-cultural Studies of Linguistic Relativity," *Cognition* 31, 141–162.

Talmy, L. (2000) *Towards a Cognitive Semantics (Vol. 2)*, MIT Press, Cambridge, MA.

Tao, H. and S. A. Thompson (1991) "English Backchannels in Mandarin Conversations: A Case Study of Superstratum Pragmatic 'Interference'," *Journal of Pragmatics* 16:3, 209–223.

Taylor, S. K. and K. Snoddon (2013) "Plurilingualism in TESOL: Promising Controversies," *TESOL Quarterly* 47:3, 439–445.

Thierry, G., P. Athanasopoulos, A. Wiggett, B. Dering and J-R. Jan-Rouke Kuipers (2009) "Unconscious Effects of Language-specific Terminology on Preattentive Color Perception," *Proceedings of the National Academy of Sciences of the United States* 106:11, 4567–4570.

Tokumaru, Y. (2002) "Cross-linguistic Influences of L2 English on L1 Japanese in Japanese-English Bilinguals," *Proceedings II Simposio Internacional Bilinguismo*, 399–406.

Tokumaru, Y. (2005) *An Empirical and Experimental Study on the Crosslinguistic Relationships between Japanese "Katakana-Go" and English Words: The Bilingual Mental Lexicon of Multi-competent Japanese-English Users*, Doctoral dissertation, Essex University.

Vygotsky, L. S. (1962) *Thought and Language*, MIT Press, Cambridge, MA.

Weinreich, U. (1953) *Languages in Contact*, Mouton, The Hague.

Whorf, B. L. (1956) "Science and Linguistics," *Language, Thought, and Reality: Selected Writings of Benjamin Lee Whorf*, ed. by J. B. Carroll, 207–219, MIT Press, Cambridge, MA.

Widdowson, H. G. (1994) "The Ownership of English," *TESOL Quarterly* 28, 377–389.

Yeh, D. and D. Gentner (2005) "Reasoning Counterfactually in Chinese: Picking Up the Pieces," *Proceedings of the Twenty-seventh Annual Meeting of the Cognitive Science Society*, 2410–2415.

Yelland, G. W., J. Pollard and A. Mercuri (1993) "The Metalinguistic Benefits of Limited Contact with a Second Language," *Applied Psycholinguistics* 14, 423–444.

Zampini, M. L. and K. P. Green (2001) "The Voicing Contrast in English and Spanish: The Relationship between Perception and Production," *One Mind, Two Languages*, ed. by In J. L. Nicol, 23–48, Blackwell, Oxford.

Zhang, W. and M. Liu (2011) "A Study of Changes in Risk-taking and Sociability in Chinese University EFL Class," *Theory and Practice in Language Studies* 1:9, 1218–1221.

索　引

1. 日本語はあいうえお順で，英語は ABC 順。
2. 数字はページ数を示す。

事　項

［あ行］

相づち，相づち行動 (backchannel)　64-69
相手の発話に重ねて打つ相づち (overlapping backchannel)　66-69
穴埋め問題 (fill-in-the blanks)　161
誤った母語話者信仰 (the native speaker fallacy)　155
誤り識別・訂正 (error recognition/correction)　161
逸脱したことばをしゃべる母語話者　20
色の認識（知覚）　vii, 87-89, 93-103, 151, 167
英語学習者　viii, 26, 186
英語教育　vi, ix, 23, 75, 148, 154, 156, 171-173, 178, 180, 183, 188, 191-194
英語ユーザ　vii-ix, 18, 25-26, 48, 75, 107-108, 136-137, 147, 149, 156, 164, 170, 173, 177-178, 182, 186, 191-192
劣った母語話者　viii, 20

［か行］

外的目標 (external goals)　183-184
概念転換／転移 (conceptual shift/transfer)　151
概念の溶込 (concept merging)　151
学習者 (learner)　vi, viii, 10-11, 13, 24-26, 153-154, 174-175
学習者言語 (learners' language)　v, 10-12
格標識 (case marker)　57-59
可算名詞　33, 62, 85, 111-112, 116, 121-122
形，形状 (shape)　33-34, 86-87, 101, 103, 111-113, 116-121
カテゴリー化　vii, 113-115, 151, 161, 164-165
カテゴリー関係 (categorical relation)　103-111, 164

213

疑似モノリンガル（quasi-monolingual） 163
義務的生起箇所（obligatory occasions） 161
逆行転移（backward/reverse transfer） 64, 72, 146
競合モデル（Competition Model） 56-57
経路動詞（path verb） 53-55, 135-138
欠陥のある英語母語話者 viii, 156, 171
言語衝突（language conflict） 150
言語干渉（language interference） 14, 40-42, 143
言語的相対仮説（Linguistic Relativity Hypothesis） 9, 30-31, 150
言語転移（language transfer） 13-14, 40-43, 58, 67, 75, 143-144, 160
語彙力テスト 96-97, 99-100, 102, 106, 119, 162, 164
交差言語的影響（cross-linguistic influence） 14, 40, 42-43, 58, 70, 143-144, 159
構造主義・行動主義の心理学（Structuralism and Behaviorism Psychology） 143
コード・スイッチング（code-switching） 5, 17-18, 158, 175-178
コード・ミキシング（code-mixing） 5, 17-18
ことば vi-viii, 16-20, 23, 37, 40, 64, 82, 85-88, 91-93, 97-98, 100-102, 108, 111-112, 115, 118, 135, 143, 145, 149-150, 153, 157, 161-162, 165, 167, 172-173, 182, 184, 186-188, 191-193, 196
誤答分析（error analysis） 161

［さ行］

最小バイリンガル（minimal bilingual） 163
サピア・ウォーフの仮説，言語的相対仮説（Sapir-Whorf Hypothesis） 9, 30-32, 36, 82, 85, 87-88, 90, 103, 150
視覚ミスマッチ陰性電位（vMMP: Visual Mismatch Negativity Potentials） 101-102
事象関連脳電位（ERP: Event-Related Potentials） 100-102, 167
視線追跡（eye-tracking） 167
縦断的研究 75, 167
首尾よく英語が使える英語ユーザ，有能な第2言語ユーザ（successful English/L2 users） 158-160, 171
準バイリンガル（semi-bilingual） 163
上下関係 72-73
人権 2, 20, 157, 186
心「性」（cognitive disposition）

122
親疎関係　72-73
生物学上の性（biological gender）　122
正の転移（positive transfer）　13, 43
全体的な体系／システム（the overall system）　vii, 6, 8-13, 173
総称名詞（generic noun）　61-63, 111-112

［た行］

対照分析（Contrastive Analysis）　143
第 2 言語学習　vii, 36, 51, 75, 147, 154, 172
第 2 言語学習者　vi, 10-11, 24
第 2 言語習得研究（second language acquisition research）　vi, 7, 9, 14, 21, 30, 40, 142-143, 150, 153, 156-157, 160-161, 163, 167, 170, 194, 196
第 2 言語政策（second language policy）　26, 153
第 2 言語忘却（second language attrition）　26
単数形　v, 33-34, 90
談話完成テスト（DCT: Discourse Completion Test）　70, 72-74
地域社会（community）　8-10, 150, 160
知覚転換（perceptual shift）　151

中間言語（interlanguage）　v, 6-7, 10-12, 21, 192
低バイリンガル（low bilingual）　163
テーマ関係（thematic relation）　103, 105-108, 110-111
転移（transfer）　12-14, 40-43, 58, 67, 75, 144, 151, 160
動詞枠付け言語（verb-framed language）　53

［な・は行］

内的目標　183-184
成り損ないの母語話者（failed native speakers）　20
認知（行動），思考，心　vi-vii, ix, 7-10, 13, 22, 26-27, 30-32, 36-37, 40, 77-78, 82, 85-87, 89-93, 98, 103, 108-111, 113, 115-116, 118, 124, 126-127, 131, 139, 143-144, 146, 150-154, 160-162, 165, 167, 173-174, 177, 180, 183-184, 191-193, 196
認知的再構築（cognitive restructuring）　151
ネイティブ・スピーカー，母語話者（native speaker）　vii-viii, 11, 18-21, 25, 27, 30, 43, 47, 65, 67, 70, 72-74, 102, 124-125, 130, 147, 149, 186, 191, 194
バイリンガル（bilingual, 2 カ国語併用者）　5, 18, 24-26, 41, 44-46, 48, 50-51, 53-59, 65-67,

70, 73-75, 86-88, 93-102, 113-115, 121-122, 127-131, 133-138, 161-163, 165, 167, 181
バイリンガル教育（bilingual education）　vi, 157
バイリンガル研究，2言語併用研究（bilingual research）　7, 22, 146
バイリンガル認知（bilingual cognition）　151
反応速度（reaction time）　167
不可算名詞　116, 122
不完全な母語話者　viii, 20, 156, 161, 171
複合的言語能力（マルチコンピテンス）　vi, 2, 12, 184, 186
複合的認知，マルチコグニション（multi-cognition）　151, 156, 184, 186
複数形　29, 32-34, 58-59, 61-62, 90, 92, 112, 116, 122
複数標識　57-58
付随要素枠付け言語（satellite-framed language）　52, 135
物質，材質，素材（material）　33-34, 36, 116-122
物質名詞　33
負の転移（negative transfer）　13, 43, 181
文法上の性（grammatical gender）　60-61, 85, 122-130
文法性判断テスト（grammaticality judgments）　viii, 161
母語使用　25, 64, 67, 73, 75-76, 135, 167, 170, 172-181

［ま・や・ら行］

マルチコンピテンス，複合的言語能力（multi-competence）　v-ix, 2, 4, 6-10, 12-17, 24, 26-28, 30, 36-37, 40, 42-43, 47, 50, 53, 56-57, 64, 68, 70, 85, 92-93, 95-96, 121, 139, 142-146, 148-151, 154, 156-163, 165, 170, 172-173, 180-181, 183-186, 188-189, 191-196
マルチリンガル，複合言語話者，多言語使用者（multilingual）　v, 4, 6-7, 19, 152
三つ組みセット，三つ組み課題（Triad Task）　33, 110, 119-120, 136
無生物名詞　32-34, 57-59, 116-122, 159
モノリンガル，単一言語話者（monolingual）　v-vi, 2, 4, 6-7, 11-12, 16, 22-24, 27, 45-46, 48, 53-55, 57-60, 65-71, 87, 93-99, 106, 113-122, 136-139, 146-149, 151, 160-163, 184
訳読（translation）　170, 180-183
有声開始時間（VOT: Voice Onset Time）　43-47
様態動詞（manner verb）　52-55, 135, 138, 147
ライティング・スキル　40, 75-79
リスク・テイキング（risk-taking）

187-188
倫理にかなうレンズ（an ethical lens） 21
連続的相づち（backchannel clustering） 66
ロールモデル 20, 154, 170-172

言　語

イタリア語（Italian） 122-124, 127-130
インドネシア語（Indonesian） 131-135, 165
ウルドゥー語（Urdu） 3
英語（English） vi, viii-ix, 3-6, 13-23, 25-33, 41-49, 51-66, 70-71, 73-74, 76-78, 82-138, 147-149, 152, 154-157, 162-165, 170-174, 176, 178-180, 183-189, 191-192, 194
オランダ語（Dutch） 17, 52
韓国語（Korean） 94-95
広東語（Cantonese） 93
ギリシャ語（Greek） 56-58, 95, 98-103
グーグ・イミディール語（Guugu Yimithirr） 35
スペイン語（Spanish） 45-47, 53-61, 70-71, 122-127, 187
ズーニー語（Zuni） 87, 93, 103
ダニ語（Dani） 88
タミール語（Tamil） 3
タラフマラ語（Tarahumara） 89, 93, 103
中国語（Chinese） 3-4, 29, 52, 64-65, 72-75, 90-92
ドイツ語（German） 4, 17, 29, 52, 66-69, 85, 122-130
トルコ語（Turkish） 53
ナヴァホ語（Navajo） 30, 32, 86-87, 93, 103
日本語（Japanese） viii, 3-6, 13, 15-20, 23-24, 26-29, 41-42, 46-49, 52-54, 56, 58, 62-63, 67-69, 72-73, 77-79, 83-85, 90, 92-98, 106-107, 111-113, 115-116, 119-122, 131, 147, 149, 155, 162, 172-173, 176, 178, 180, 186, 191-192
ハンガリー語（Hungarian） 15, 75-76
ヒンディー語（Hindi） 3, 93
フラマン語（Flemish） 17-18
フランス語（French） 3, 15, 17-18, 21, 43-45, 53, 76, 123-124
ヘブライ語（Hebrew） 45, 50, 53, 56
北京語（Mandarin Chinese） 93
ホピ語（Hopi） 30-31
ポーランド語（Polish） 135-138
マレー語（Malay） 3
ロシア語（Russian） 15, 50-52, 76, 78
ユカテク語（Yucatec） 32-34, 36, 115-116

人名等

[カタカナ・和名]

[ア行]
アーヴィン 88, 93
アーマッドとジャソフ 176
アサナソボーロス 95, 97-99
今井とゲントナー 116, 118-120
ヴァインライヒ 41-42
ウィドソン 156
ウォーフ、ベンジャミン 30-31, 83, 85
エリー 187-188
大井 77-78
オゲイン 177-178
オスターハウト 152
オブラー 45

[カ行]
カーソンとカシハラ 176, 178
ガスとセリンカー 41
カプラン 77
キャスケイ・サーモンズとヒッカーソン 93, 98
キャロルとカサグランデ 32, 86
クック、ヴィヴィアン v-vi, viii, 2, 4, 21, 142, 183, 193-195
クック、G. 181
クォック 152
クラウゼ・オノ 67, 69
クラムシュ 23
グリーン 45
グロスジャン 22

ケイとケンプトン 93
ケチケスとパップ 75, 77
ケラーマンとシャーウッド・スミス 42

[サ行]
サピア、エドワード 30-31
ジャービスとパブレンコ 143
スウ 73
杉村 111
杉山 181-182
鈴木（恵理子） 71
鈴木（孝夫） 84
セノス 70-71
セリガー 56
セリンカー 10, 41

[タ行]
タオとトンプソン 64-66
田巻 182, 189
チョムスキー v, 2, 31
ティアリー 100-101
ドゥシアスとサガッラ 59-60
ドゥ・ボ 145
トクマル 48

[ナ・ハ行]
ニズベット 111-112, 115
ハイダー 88
ハインツ 66-68
パブレンコ 51, 143
ハラダ 47, 147-148
フェルナンデス・グエラ 182
フレーゲ 43-45

ブラウン　157
ブラウンとグルバーグ　54, 147-148
ブリティッシュ・カウンシル　185
ブルーム　90-91
ペイクディ　22-23
ペチット　151

[マ行]
マッカーティ　26
松本　176
水谷　64
村端（五郎）　109, 146-148, 182, 193
村端（佳子）　62, 106, 112, 155, 164, 168, 193
文部科学省　155-156, 173, 178, 182-183, 191

[ヤ・ラ行]
山岡　14
ライトバウンとスパーダ　172
ラドー　41
ラボフ　21-22
ルーシー，ジョン　32-35, 85, 115-116, 121
レネバーグとロバーツ　93
レヴィンソン，スティーヴン・C　34, 85

[英　名]

[A]
Abrahamsson and Hyltenstam　142
Ahmad and Jusoff　175-176
Ameel et al.　151
Athanasopoulos　99, 121, 151, 162-163
Athanasopoulos and Aveledo　102
Athanasopoulos et al.　97, 151, 163
Athanasopoulos, Sasaki and Cook　95
Au　91

[B]
Baker and Eversley　4
Bassetti　127, 129-130
Bassetti and Cook　183
Bates and MacWhinney　56
Bialystok　146
Bialystok and Barac　146
Bloom　90-91
Bongaerts, Planken and Schils　21
Boroditsky, Ham and Ramscar　134
Boroditsky, Schmidt and Phillips　124
Braine　19
Brown　157
Brown and Gullberg　53, 147,

163

[C]
Cabrelli Amaro, Flynn and Rothman   144
Carroll and Casagrande   32, 86
Carson and Kashihara   175–176, 178
Caskey-Sirmons and Hickerson   93, 162
Cenoz   70
Chiu   104
Chomsky   v
Coggins, Kennedy and Armstrong   152
Cook and Bassetti   151
Cook et al.   56–58, 119–120, 162, 165, 167
Cook, G.   181
Cook, Vivian   v, 2–3, 5, 7–9, 16–18, 20, 26, 28, 142, 160, 171, 183–184, 193
Coppetiers   21
Corbett   58
Crystal   3, 25
Cummins   146
Czechowska and Ewert   135, 138

[D]
Davies   157
De Bot, Lowie and Verspoor   14, 145
Della Rosa et al.   152
Deller and Rinvolucri   174
Dheram   3
Dussias and Sagarra   59

[E–F]
Ellis   175
Ely   187–188
Ervin   88, 93
European Commission   3
Feng and Yi   91
Fernández-Guerra   181–182
Fishman   17, 87
Flege   43, 47

[G–J]
Gass and Selinker   41, 187
Green, Zampini and Magloire   45
Greenberg   31
Grosjean   5, 18, 22
Harada   21, 47, 147
Heider   88
Heinz   64, 66–67
Hohenstein, Eisenberg and Naigles   54–55
Iano-Worrall   146
Imai and Gentner   116, 119, 163
Jarvis and Pavlenko   42, 143–144, 151, 167
Ji, Zhang and Nesbett   104

[K]
Kaplan   77
Kasper and Kellerman   21
Kay and Kempton   89, 93

Keck and Ortega　21
Kecskes and Papp　15, 75
Kellerman and Sharwood-Smith　14, 42
Kramsch　23
Krause-Ono　67
Kurinski and Sera　126
Kwok et al.　152

[L]
Labov　21-22
Lado　41
Laitin　150
Larsen-Freeman and Long　187
Laufer　50
Lenneberg and Roberts　87, 93
Levinson, Stephen C.　34
Lightbown and Spada　172
Liu　91
Llurda　19
Lucy, John　32, 34-36, 115, 121

[M-N]
Malt and Sloman　165
Markman and Hutchinson　110, 119
Masuda and Nisbett　105
Matsumoto　176
Medgyes　19-20
Miller　105
MOFA　3
Morris and Peng　105
Murahata, G.　109-110, 147, 151, 167, 184

Murahata, Y.　19, 32, 61-62, 106-108, 111-115, 155, 162, 164-165, 168
Nation　96-97, 99, 106, 119, 162, 164
Nemser　11
Nisbett　104, 111

[O-P]
Obler　45
Ogane　177-178
Omoniyi　3
Ortega　21
Osterhout et al.　152
Oxford University Press　62, 165-166
Paikeday　22-23
Pavlenko　31, 51, 167
Peal and Lambert　146
Penn　32
Petitto et al.　151
Phillipson　155, 174

[R-S]
Richards and Rodgers　172
Sapir, Edward　30-31
Saville-Troike　10
Seliger　56
Selinker　10, 18, 171
Simonton　146
Smiley and Brown　110
Stern　19, 184
Su　73-74

[T]
Takano 91
Talmy 53, 135
Tao and Thompson 64
Taylor and Snoddon 175
Thierry et al. 100, 167
Tokumaru 16, 48-49

[V-Z]
Vygotsky 146

Waxman and Hall 111
Weinreich 41
Whorf, Benjamin Lee 30-31, 83
Widdowson 156
Yeh and Gentner 91
Yelland, Pollard and Mercuri 146
Zampini and Green 44
Zhang and Liu 187

［著者紹介］

村端　五郎　（むらはた　ごろう）

　1956（昭和 31）年，北海道佐呂間町生まれ。北海道教育大学卒業，兵庫教育大学大学院修了（教育学修士）。北海道教育大学（教育学部岩見沢校助教授）・高知大学（人文学部教授）・武庫川女子大学（文学部教授，アメリカ分校 MFWI (Spokane, WA) 副学長（Executive Vice President））を経て，現在は宮崎大学教授（教育文化学部），高知大学名誉教授。
　専門は，応用言語学，英語学，第 2 言語習得論，英語教育学。論文著書に，『幼小中の連携で楽しい英語の文字学習』（編著，明治図書），"The Impact of L2 Learning on Children's Cognitive Dispositions: Evidence from an Individuated Object-substance Distinction Task"（全国英語教育学会 *ARELE*），"Research Questions and Methodology of Multi-competence" (Chapter 2) (G. Murahata, Y. Murahata & V. J. Cook 共著，V. J. Cook & Li Wei (eds.), *The Cambridge Handbook of Linguistic Multi-competence*，近刊，Cambridge University Press）など。

村端　佳子　（むらはた　よしこ）

　1957（昭和 32）年，島根県松江市生まれ。大阪外国語大学卒業，兵庫教育大学大学院修了（教育学修士），英国・ニューキャッスル大学大学院博士課程修了（応用言語学 PhD）。北海道教育大学・高知大学・武庫川女子大学等の講師，武庫川女子大学アメリカ分校 MFWI (Spokane, WA) Japanese Cultural Center 館長（Director）を経て，現在は宮崎大学講師。
　専門は，応用言語学，第 2 言語習得論，英語教育学。論文著書に，"What Do We Learn from NNEST-related Issues? Some Implications for TEFL in Japan" (Feature article, *The Language Teacher*, JALT)，「英語（L2）の学習は日本語（L1）の語彙辞書を変える！　マルチコンピテンス研究が示唆するもの」（村端佳子・村端五郎共著『英語教育』大修館書店），*A Study of the Effects of English Learning on Cognition in Japanese Learners of English from a Multi-competence Perspective* (Unpublished PhD dissertation, Newcastle University, UK）など。

第 2 言語ユーザのことばと心		<開拓社
―マルチコンピテンスからの提言―		言語・文化選書 57>

2016 年 3 月 24 日　第 1 版第 1 刷発行

著作者　村端五郎・村端佳子
発行者　武村哲司
印刷所　日之出印刷株式会社

発行所	株式会社　開拓社	〒113-0023　東京都文京区向丘 1-5-2 電話　（03）5842-8900（代表） 振替　00160-8-39587 http://www.kaitakusha.co.jp

Ⓒ 2016 G. Murahata and Y. Murahata　　　　ISBN978-4-7589-2557-0　C1380

JCOPY ＜(社)出版者著作権管理機構　委託出版物＞
本書の無断複写は著作権法上での例外を除き禁じられています。複写される場合は，そのつど事前に，(社)出版者著作権管理機構（電話 03-3513-6969，FAX 03-3513-6979，e-mail: info@jcopy.or.jp）の許諾を得てください。